グローバル企業経営支援システム
―時間発展型統合シミュレーションを用いて―

張　静　著

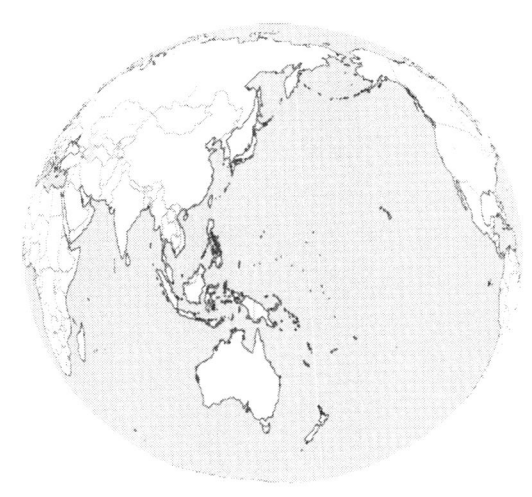

時潮社

まえがき

　円高の影響を受けて日本企業の海外進出は加速している。それに伴ってグローバル経済用語も日常的に使われるようになっている。今回のアメリカ発金融危機は、製造業を中心としてアジア諸国に大きな影響を与えている。グローバル経営の戦略転換を求められているが、経済回復も時間の問題で大きく騒ぐ必要はないのではないかと著者は思っている。というのは経済の原理原則に立ち戻って、国民生活水準の向上に製造業は無くてはならないからである。これをきっかけにグローバル金融システムの改革は今後強く求められて加速するであろう。ドル本位のグローバル取引はアメリカ国内の経済に左右されやすく、それを回避する新たなグローバル金融体制が必要になってくるであろう。金融危機を引き起こした世界不況の中で、敢えて本書が企業のグローバル経営を書くのは、目先の1国の金融政策の失敗で一時的に東アジアの製造業にダメージを与えても、それが長く続くことはないと判断しているためである。

　日本における製造業のグローバル化は1970年代から始まったが、かつては世界の各地域に生産拠点を設け、域内での生産・輸送・販売活動を行うという、日本国内で行っていた国内向け販売の事業プロセスをそのまま他国へ持ち込んでいく域内完結型のものが多かった。しかし、時代の経過と共に、進出先での他国企業との国際競争に晒されていくうちに、製品によっては生産コストを抑え競争力を高めるためにも、全世界向けの製品を少ない数の工場で集中生産した方が良いという考え方が生まれるようになった。これにより、1カ所、もしくは数を厳密に限定した少数の生産拠点から全世界に向けて製品を出荷するという、現在の代表的な国際的製造業の現状が生まれることとなった。

　しかし、この1つの生産拠点で全世界向けの製品を生産するという方法は、

製品の生産効率を上げた半面、生産・販売間の地理的・時間的距離の拡大によって、大きな課題を残すこととなった。生産の現場から販売の現場までのリードタイムが大きくなったことにより、需要の変動に対するリスクは格段に高まった。域内で完結できる時代には、リードタイムが比較的短いため、需要の変動に対しても、短期間に販売結果を生産にフィードバックするようなオペレーションで対応することも可能であった。それ故に、生産現場は生産効率の改善、販売現場は売上増加にのみ力を注ぐ、といった形で、それぞれ独自の判断で動き、部分最適を行えば良かった。しかしリードタイムの拡大した今では、完全に生産の体制は見込み生産に変わり、その結果、需要変動リスク、つまり販売機会の多大な逸失や売れ残りを回避するためには、需要に基づき生産から販売までビジネスチェーン上の全体最適をする必要が生じている。しかしながら、実際には大型の優良企業でも、旧時代の部分最適経営から抜け出すことのできないケースが数多く存在する。

　これに対して近年、企業は、ERP（Enterprise Resource Planning）などの基幹システム、SCP（Supply Chain Planning）、SCE（Supply Chain Execution）パッケージを導入し情報の統合化と業務の改善を図るなどの努力を行っているが、部分最適に止まっているため、その効果も限定的である。本書では、企業活動をオペレーション、データ統合、マネジメントの3つのパッケージより構成する1つの統合した経営支援システムを設計することが主題である。この3つのパッケージより構成されるシステムの最大の特徴は、製品を1つずつまたは生産ロットごとに取り扱い、これらを時間軸上で管理することである。これによって各種の複雑性と非線形性を克服することができるし、さまざまな形への拡張と発展、小売業などの異業種にも対応できる。

　本書で提案されたシステムは「マネジメント」「統合データベース」「オペレーション」という3つのモジュールから構成されたモデルである。「マネジメント」は、販売予測、生産・輸送計画の立案を行うモジュールであり、「統合データベース」はデータの一元統合管理の役割を果たし、「オペレーション」は計画案をエージェントで忠実に再現を行い、その実行結果をリアル

タイムに「統合データベース」へフィードバックし、「マネジメント」で予測・計画の精度を高めていく時間発展的仕組みとなっている。

システムのアーキテクチャは、需要予測パッケージ、生産パッケージ、輸送パッケージという3つのパート構成でモデルに対応付けて設計されている。

本書は6章で構成されている。第1章と第2章では、本書の背景、目的について述べられている。グローバル化に伴い、企業の経営は複雑になっていることと、現在の経営支援情報システムの不備が述べられている。グローバル経営の基本的な考え、現存する問題点及び既存先行取組みとの相違点を明らかにし、本書の位置づけを明確にしている。第3章と第4章では、本書で提起したグローバル企業経営支援システムのアプローチとコンセプトを明確にし、そのモデル概要、アーキテクチャ及びシステムの基礎となるデータベースの構造について述べられている。第5章では、引き続き、システムのサブ・システムとしての販売予測サブ・システム、輸送サブ・システム、生産サブ・システムの詳細構造及び在庫と生産、輸送との組み合わせについて詳述している。最終の第6章に、グローバル展開している日本研究協力メーカー（グローバル展開しているエレクトロニクス研究協力メーカー）の実データを用いて、本システムを適用することにより、経営支援ができることを示し、その有効性を検証している。2つの支援法が示されている。1つは過去の経営データによって、過去の経営を診断する方法であり、もう1つは、リアルタイムに未来（需要）予測をしながら現在の経営を支援する方法である。

本書では、全く新しい経営支援システムが述べており、また、実際の経営に利用できることが実証されている。

グローバル企業経営支援システム／目　次

第1章　グローバル経営の概要 ……………………………………………9

第2章　グローバル企業経営とICTの役割 ………………………15

2.1　グローバル経営戦略と統制　15
2.2　経営支援におけるICTの活用　18
2.3　グローバル企業経営の問題点　25

第3章　GCMシステムとは ………………………………………29

3.1　経営支援システムの現状　29
3.2　GCMシステムのアプローチ　40
3.3　GCMシステムのコンセプト　43

第4章　GCMシステムのモデリング ……………………………47

4.1　GCMシステムのモデル概要　47
4.2　GCMシステムのアーキテクチャ　52
4.3　GCMデータベース設計　59
　4.3.1　実行結果DB　63
　4.3.2　グループDB　65
　4.3.3　企業実績DB　66

第5章　GCMシステムの構成 ……………………………………69

5.1　GCM予測サブ・システム　69
　5.1.1　GCMシステムにおける在庫管理モデル　69
　5.1.2　GCMにおける予測手法　72

5.1.3　GCMにおける予測手法の適用　80

　5.2　輸送サブ・システム　104

　　5.2.1　研究協力メーカーから見る海上輸送の現状　104

　　5.2.2　輸送パッケージのアーキテクチャ　115

　5.3　生産サブ・システム　124

　5.4　輸送と生産の組合せモデル　126

第6章 GCMシステムの実証 …………………………………129

　6.1　システム適用の概要　129

　6.2　経営現状の「見える化」　135

　6.3　GCMシステムによる経営改善　149

　参考文献　155

　　　　　　　　　　　　　　　　　　　　　　　装幀　比賀祐介

第1章 グローバル経営の概要

　近年企業経営のグローバル化が進んでいる。図1－1はアメリカ、イギリス、ドイツ、日本など主要先進国の世界への投資額（ドル／年）を示している。世界全体投資額の合計を見ると、1980年代から年々増加している。図1－2は日本の海外投資額を示している。その中で、アジアに対する投資額の増加幅は注目される。図1－3は日本の業種別対外投資額を年度別に示している。日本製造業のグローバル展開の絶対金額は年々増大し、伸び率も拡大している。経営のグローバル化は、以下の要因で今後も拡大するであろう。

1. 先進国・先進地域の生産コストは増加している。国際為替レートにより同じレベルの労働力でも地域、国によって1人当たりの人件費の差は大きいと言える。図1－4は1人り当たり2006年度の名目GDP（Gross Domestic Product）を示している。図1－5で示すようにワーカーの月賃金において、アメリカはカンボジアの150倍である。また、同じ規模の工場、オフィスでもその初期投資額は格段に違う。
2. 地域・国の社会的人口構造問題から、一部地域・国の少子化と一部地域・国の人口増加が生じている。労働力の不足と労働力の過剰は企業のグローバル化の一因とも考えられる。
3. 自地域・国内市場の飽和に対処するために、海外市場への進出による企業収益の確保は企業存続のために重要である。地域・国ごとに存在する製造資源は異なり、既存資源、得意技術分野と不得意技術分野も相違している。ICT（Information and Communication Technology）の進歩・高度化に伴い、世界はフラット化し、消費者ニーズの多様化がより一層進み、世界に目を向けて商品を求めている。

グローバル経営の力は企業の収益に影響するだけにとどまらず、地域経済活動の活性化、国際競争力にも影響を与える。従って、グローバル経営は企業のみではなく、国・地域にとっても極めて重要な課題である。

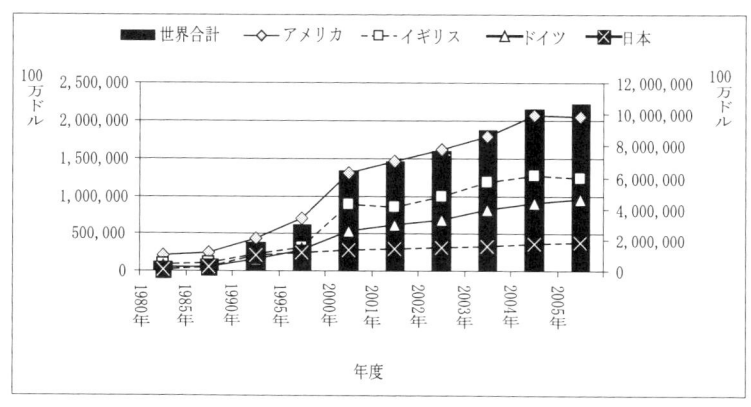

図1-1　世界の国別対外直接投資額の推移

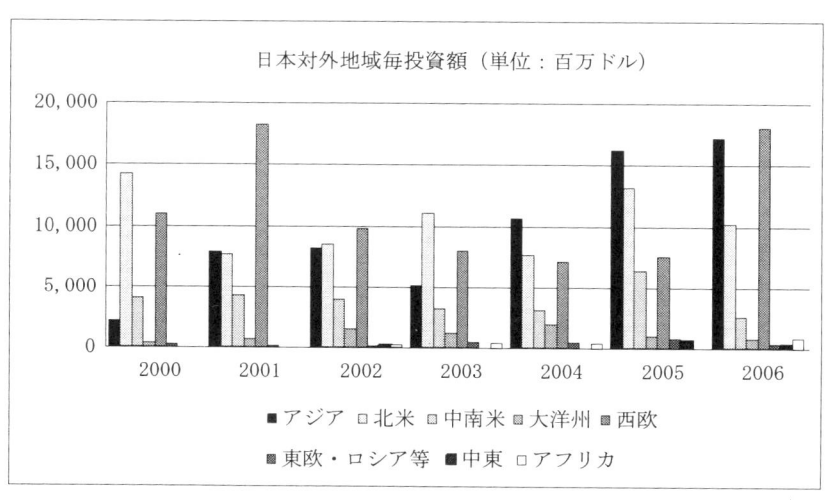

図1-2　日本対外地域毎投資額の累積推移

第1章 グローバル経営の概要

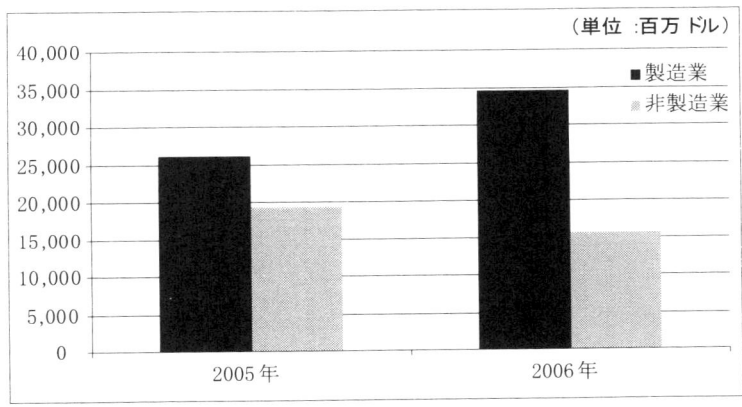

図1-3　日本業種別対外投資額

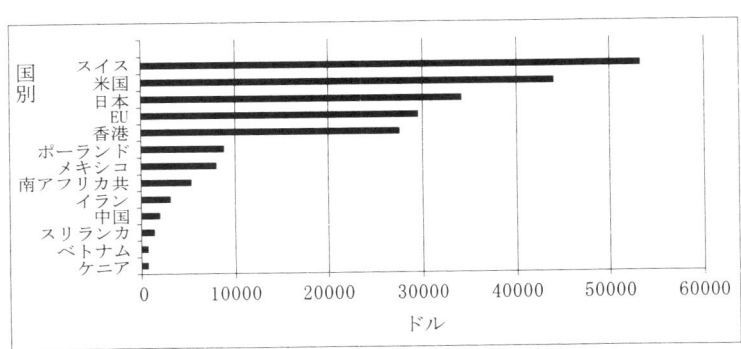

図1-4　1人あたりの2006年度名目GDP

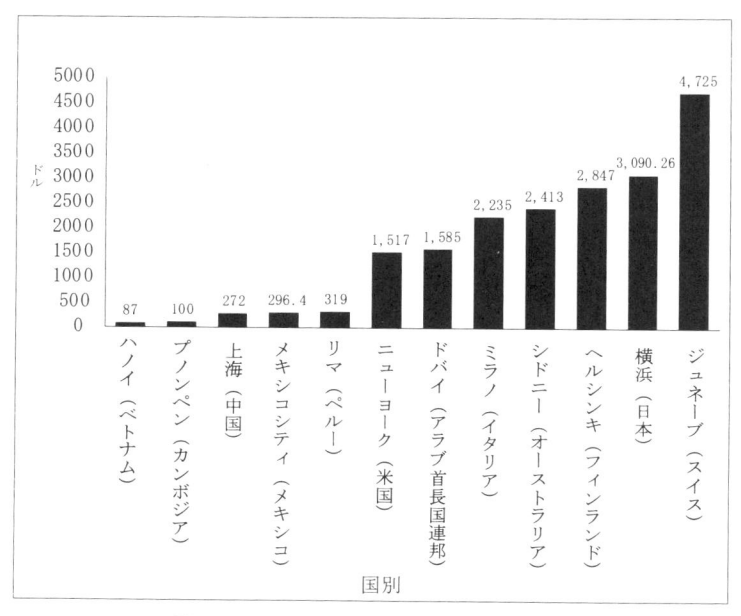

図1-5　2005年度の各国のワーカー賃金比較

　本書はグローバル企業経営、特にグローバル製造業の経営改善に着目して、企業のグローバル展開と統制、ローカル経営との相違点、現存する問題点を明らかにし、実務に役立つグローバル経営支援モデルを提案し、そのシミュレーションにおける設計と構築手法を述べる。

　グローバル企業経営支援システムでは、時間発展型、離散型及びマルチエージェントをコンセプトとし、分野・商品の特性によって時系列の長さを変化可能とする。また、評価する商品の個々を離散データとして扱い、1つずつをエージェントとして時間発展的にシミュレーションを行う。

　また、本書に提案するシステムの有効性の検証に当たって、日本の大手グローバル経営企業数社から提供された製造・流通・販売のデータを用いる。これにより企業経営状態を「見える化」すると同時に、システムで改善代替案を見つけ出し、経営支援できることを実証する。なお、取り扱うデータは

守秘契約に従ってマスクしており、絶対値は無意味であると理解して頂きたい。

　グローバル経営は理系的な経営であると同時に、システム的な分野でもある。ロジスティクス分野における最適化、生産管理論、オペレーションズ・リサーチの方法論、情報技術、生産技術、マーケティング分野、経営組織科学など多岐にわたる既存分野は、その一部分に過ぎない。こういう背景の中、既存のグローバル経営に関する研究はその一分野に偏っているものが多く見られる。例えば生産管理分野で、工場のリソースを最大限に活用し、生産コストを最小化する目的関数でいかに数理的に細密に計画しても、欠品により顧客満足度の低下、あるいは売れ残り（販売会社在庫）の増加に繋がり、企業全体の収益から見れば、大きな損失を生じる結果となる場合がある。こうした前提の中、1990年代後半に一部業界では、ERPシステムの提案・構築に注目し始めたが、殆どの企業も期待どおりに改善効果を得られていなかった。一方、企業の海外進出に伴い、従来のロジスティクスを改革することからSCM（Supply Chain Management）の導入が注目されるようになったが、その発展過程を見ると、JIT（Just In Time）という考え方から多く影響を受けている。しかし、グローバル企業経営において、JITそのものの発想は的確であっても、一般的にリードタイムが長いため、無在庫ではほぼ実現が不可能である。SCMは初めてチェーンとしての経営に取り組み、全体最適を強調しているが、その実現において、システムの構造と規模でグローバル企業経営に貢献していない。

　本書はERPとSCMを踏まえて、グルーバル経営企業の生産・輸送・在庫・販売をチェーンとして捉え、その最適化を図ることにより、企業の経営利益の改善手法を提案することを目的とする。具体的に

1．グローバル企業経営改善モデルを提案する。
2．そのモデルによって全体最適経営支援システムの開発手法を述べる。
3．グローバル経営支援システム適用を実証的に述べる。

第 2 章 グローバル企業経営と ICT の役割

　グローバル化は各国民生活レベルの向上、国際社会発展に適応した結果であり、ナショナリズムの思想、地域産業・貿易保護及び民族主義の台頭によって一時的に妨害されても、これからの長い歴史の時間軸上で、より成熟していくと著者は考える。なお、グローバル化は短期的に世界の格差をもたらすことは否定できないが、その格差はグローバル民主化の実現によって解消されるであろう。グローバル化の最前線に位置しているのは、グローバル企業である。

　このような前提で第 2 章は、グローバル企業経営の基本的な考え、その戦略の特徴と組織構成に伴って、近年 ICT によってグローバル経営にもたらされた変化を述べる。そして、現存する問題点を明らかにし、本書の提案するシミュレーションの位置づけと意義を明確にする。

2.1　グローバル経営戦略と統制

　グローバル企業経営は、世界中に散在する企業活動拠点において、プロジェクト展開を行うマネジメントのことを言う。つまり世界規模で経済経営活動の相互依存化が進んでいる状態を意味し、世界市場を単一市場と捉え、価値創造活動を数か所で集中的に行い、規模の経済性と効率性を求める戦略も意味する。

　グローバル企業経営戦略において、2 つの側面で整理できる。1 つ目は戦略の中身とプロセス、2 つ目は企業の経営資源の有効活用である。戦略の中身とプロセスは、どんな戦略をいかに展開するかを中心に置く考え方である。産業の特性に応じてその中身とプロセスも変化する。例えば、海運業や製造

業のような競争環境が世界規模に拡大し、企業が絶えず世界市場を念頭においた競争戦略を立てなければならない。個々の企業は顧客・市場も競合他社も世界規模の広がりを持っており、世界を単一市場とみなさなければならない。一方、食品、書籍のように競争環境が各国ごとに異なり独立しているため、世界的規模での標準化製品を一律に投入することは極めて少ない。つまり国内で競争優位を確立したと言っても、他国では全く通用しないケースが多く、現地化を重視する戦略を展開するべきであろう。

　一方、企業の経営資源の有効活用は世界に点在する現有の経営資源をいかに有効に活用するかという考え方である。つまり現有経営資源を最大限に活用して企業競争優位を保つことにある。競争優位は、企業の創造する価値とその稀少性で差別化が可能かどうかに依存する。

　グローバル企業の統制は各国・地域における異なる経営環境の下で現地適応化と本社統制の強化のバランスを上手くコントロールする必要がある。グローバル企業における経営の外部環境条件は常に変動しているため、グローバル統制もスタティック的ではなく、ダイナミックに適応する必要がある。グローバル統合と現地適応化の特性に応じて、国際事業部制から、地域別事業部制または製品別事業部制へ自社状況に応じて動的に調整しているのが現状である。最近、図2－1で示すような地域軸と製品軸を掛け合わせたマトリックスの組織構造をとるグローバル企業が見られる。そのメリットは製品と地域両軸のバランスのとれたマネジメントが可能となり、偏った局所利益ではなく全社利益から意志決定が図れる。一方、デメリットとして、マネジメントが複雑なため膨大なコストが必要になり、意志決定がまとまらない場合が生じるということである。

第2章　グローバル企業経営とICTの役割

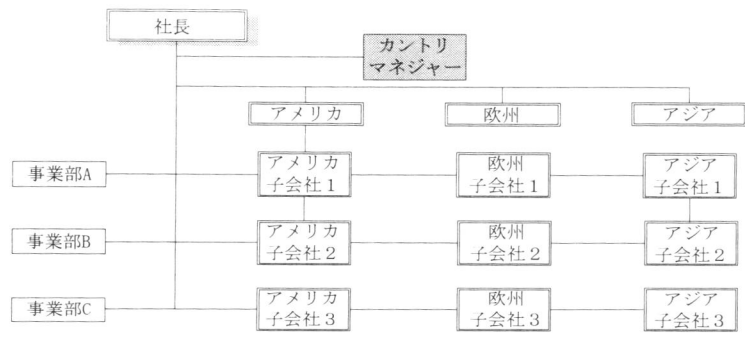

図2-1　グローバル企業のマトリックス構造組織図

　グローバル企業の戦略に沿った組織構成形態は、海外子会社への資本・人材関係から影響を受ける一方、海外子会社へのコントロール強度に影響を強く与える。海外子会社は本社の意志決定に忠実に遂行する受け身的な存在から、より積極的な戦略的な役割を演じる場合が増大したことを受け、海外子会社の役割もより多面的に捉える必要がある。これからは本社・子会社を問わず、どの拠点がどのような役割を果たすのかといったネットワーク的視点がより重要になってくる。そうした場合、新たなグローバルネットワーク的戦略に沿った組織構成が要求される。

　近年、中国、インド、ロシア、ブラジルなどいくつかの新興国は歴史上に例のない速度で急成長している。欧米を初め、日本も含めた先進国の既存技術・ノウハウを吸収しながら、さらにその中から成功した管理システムも限りなく自国社会に取り入れて適用している。社会主義と資本主義の概念を超えて、各産業分野を市場経済へ移行しながら、マクロ的な戦略方向・発展バランスの調整システムも強化している。特に中国の社会発展モデルはアメリカの金融危機を機に、持続発展可能かどうかの不安を抱えながらも、一気に世界に注目されるようになっている。

　中国の社会発展モデルは非常にアンバランス的である。海岸部の一部企業

は先進国並みの設備と管理技術でグローバル的に取引しながら、内陸へ行くと、道路・水道・電気などの1次インフラを整備している段階に止まっている。しかし、その経済規模を考えると、これから世界に大きな変化をもたらすのは確実で時間の問題である。そうなると、上記アメリカ、欧州、日本の既存のグローバル戦略及び組織編成による子会社コントロール方法を参考しながら、一部の先進企業はグローバル展開を加速していくであろう。既に中国・インドのいくつかの電機メーカー、ICT系企業には、小規模で、世界をブロック単位に区切って進出し始めている。特にその発展のボトルネックになりやすい資源・エネルギーへのグローバル取組みは一番進んでいる。

また、ICTの更なる高度化により、グローバルという概念もより広い捉え方となる。世界の単一市場化は通信技術によって確実に実現され、自動音声認識・文字言語変換ソフトウェアで言語の壁を取り崩し、インターネットWebシステムの更なる進歩により、あらゆる企業は常に世界的規模の競争に晒される。つまり、企業のグローバル的戦略、組織編成などはますます複雑で多様化する。

このように、認識の相違による企業活動の多様化、企業統制による海外子会社のコントロールの複雑化により、グローバル経営は複雑で変動要因が多く含まれている。その変動リスクに柔軟的に対応できるダイナミックなリアルタイム経営支援手法が求められている。

2.2　経営支援におけるICTの活用

ICTは通信インフラ層、ミドルウェア層、ビジネス層またはビジネス支援層に分けて考えることができる。その実用化と一般普及により、経営分野に大きくインパクトを与え、企業のグローバルへの展開をより一層加速させたとは言え、企業経営への応用はまだ十分であるとは言えない。

データ通信インフラは、伝送路、通信プロトコル、ネットワーク形態で構成される。伝送路において、有線系と無線系に分けることができる。有線系

は、ツイストペアケーブル、同軸ケーブルなどの電気系と光ファイバーケーブルのような光系に分けることができる。一方、無線系は、短波・超短波、マイクロウェーブなどの電波と赤外線のような光の伝送路に大別される。データ通信ネットワークは、論理的にノード、リンク、ステーションで表現することができる。

通信プロトコルにおいて、OSIモデルの階層毎に標準化が進んできた。物理層とデータリンク層はEthernet、FDDI、トークンリングに、ネットワークとトランスポート層はTCP/IP、UDP/IPに標準化された。セッション層、アプリケーション層は、FTP、TELNET、POP3、HTTP、SOAPなどの仕様は制定されて発展した。特にHTTPの確立は今のインターネットの発展に大きく貢献し、企業間、企業個人間はネットワークを意識することなくデータのやりとりができるようになった。また、既存アナログ回線の有効利用により、低価格なADSL通信が広く普及した。現在光ファイバーの利用によって、さらに高速通信が可能になり、個人ユーザーの利便性を高めた。ネットワーク上のコンテンツ表現も多彩となった。

一方、ミドルウェア層は、主にOS、開発の言語、データベースで構成される。メインフレーム時代の大型コンピュータの専用OSからUNIXへの移行はオープン化の第一歩である。1990年代中期のWindows95の発売は本格的に個人コンピュータの普及に繋がった。開発言語において、COBOL、Fortran、C言語などの手続き型言語から、オブジェクト指向型のC++、JAVAなどの進化は加速してきた。特にインターネット言語の発展速度は速く、単純なHTMLから、各種クライアントスクリプト（Javascript、VBscriptなど）、サーバスクリプト（CGI、PHP、JSP、Servlet）で、情報の表現は多様化に進展している。さらに、XMLでのデータ表現によってデータの再利用性を高めた。最近になって、Web2.0という曖昧な表現が氾濫しているが、筆者は単なるネットワークとコミュニケーションの発展段階と考えている。Web2.0とはスタティックなホームページ表現からダイナミックな双方向の通信への進展に過ぎない。その代表的な要素として、RSS、SN

S、ブログなど挙げられる。

　データベース技術はあらゆる企業経営の情報を蓄積するので、互換性、アクセスの早さ、正確さ、セキュリティの面において、極めて重要な基盤ICTである。データベース技術には以下のような種類が存在する。

* レガシーデータベース　バッチ処理方式とオンライン方式を採用するレガシーデータベースはCOBOL言語で書かれている場合が多く、金融系のクローズシステムに多く見られるが、レポートツールにおいて、非常に使いにくいという特徴ある。
* リレーションデータベース　標準化されたレポーティングやクリエーが簡単になるようにデータを関連付けて保存する。SQLはこのリレーションデータベース用に設計された言語である。メインフレームやサーバー上で集中管理できるだけでなく、ネットワーク上パソコンで分散管理もできる。
* オブジェクトデータベース　数値や文字だけではなく、画像や動画データ構造を格納することができる特徴を持っている。しかしオブジェクトデータベースを支援するアプリケーションはまだ一般的になっていないため、保守コストがかかり、かつその操作は非常に複雑である。
* データベースハウス　異なるデータベースを統合し、高度な分析ツールによるデータ分析を可能とする。

　データベースの導入において、データ量の規模、企業ネットワーク構成、分散データベースの設計は極めて重要となる。特にERPシステムの導入において、極めて重要な基盤である。

　ビジネスにおいて、広告効果、ブログの口コミ効果にしか応用されていないのがICTの現状である。一方、Web検索機能の強化は今の企業のマーケティングの重要分野となっているが、その中身として、SEOは重要なキーワードとなる。SEOは、検索キーワードでいかに検索結果の上位を表示するかが目的で、その検索アルゴリズムは重要な技術要素となる。しかし、企業経営において、いずれも広告範疇にフォーカスしているだけと言え、十分

な応用ができているといえないのが現状であろう。つまり、従来のBtoB、BtoC、PtoPのビジネス形態に本質的な変化をもたらしたわけではない。

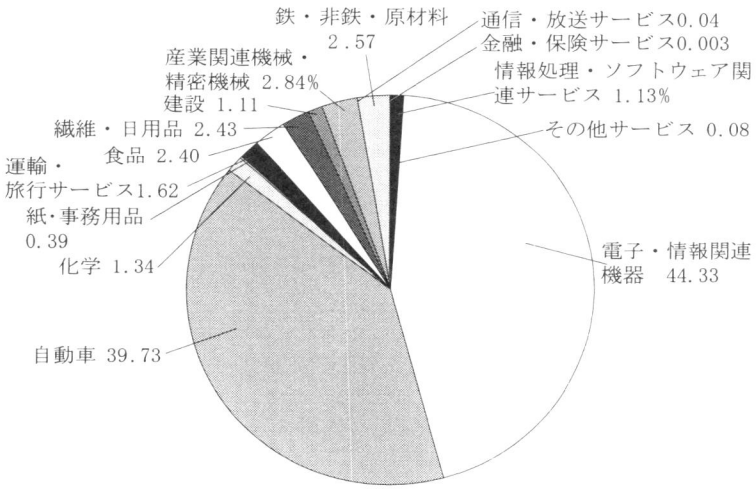

図2-2　2001年日本のBtoB市場規模

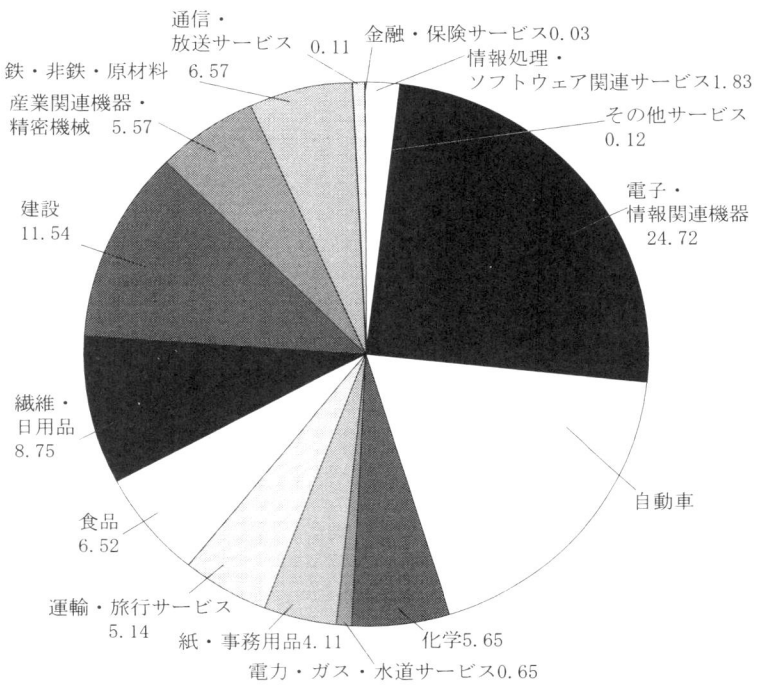

図2-3　2006年日本のBtoB市場規模

第 2 章 グローバル企業経営と ICT の役割

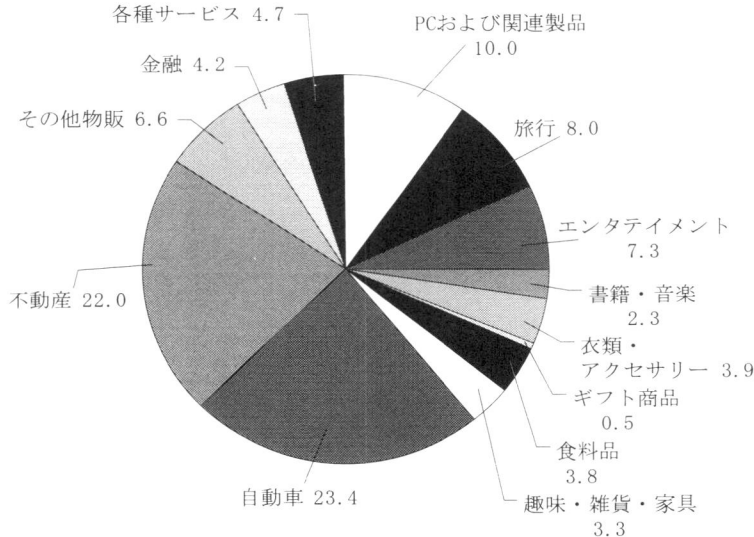

図 2-4　2001 年日本の B to C 市場規模

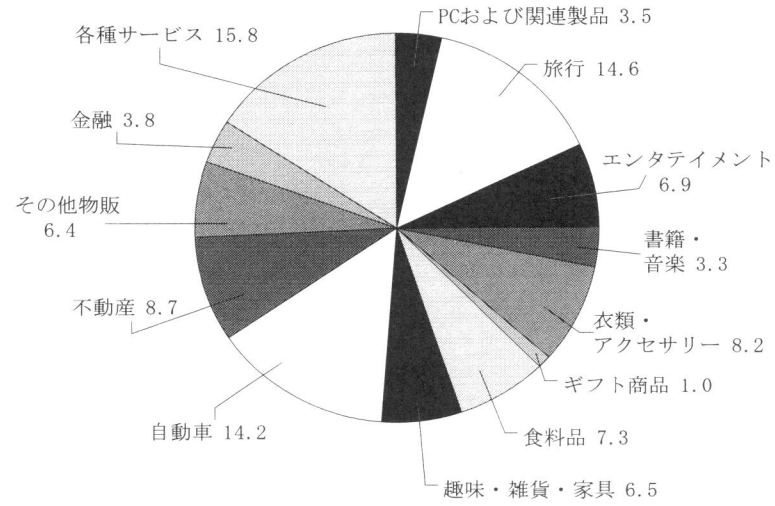

図2-5　2006年日本のBtoC市場規模

　しかしながら、ビジネスの新規性に関係なく、図2-2と図2-3でBtoB市場を見ると、2001から2006年の5年間で3倍ぐらいしか増加していないが、取引ジャンルを見ると、適用分野はかなり増えていることは分かる。つまり企業間EC取引は既存分野だけではなく、いろいろ分野に浸透していることは言えよう。一方、BtoC市場は図2-4と図2-5で示すように5年間に15倍規模で増加しているが、利用されるジャンルは大きな変化は見られない。BtoBとBtoCの市場規模を比べると、個人EC取引規模は企業間取引規模の10分の1に過ぎない。つまり、個人のEC取引はまだ発展段階にあるといえる。特にネット取引ジャンルの変化は見られないことから、既存ビジネスの単純増大といえると同時に、新規ビジネス分野の適用の貧弱さと同業者を真似する現状も示している。

2.3 グローバル企業経営の問題点

　グローバル企業、特に製造業においては、70年代アジア、欧州、北米、南米の世界各地域に工場を設立し、生産を中心にその地域内で輸送・販売活動という域内完結型経営がメインであった。これは第1節で述べた現地中心の取組みであり、国内経営の拡張であるため、既存の国内経営手法をそのまま適応することが可能である。しかし、ICTの進歩により、グローバル企業経営が更に国際的な競争に晒され、その競争優位に立つための最も直接的な手段は、同じ性能、品質の製品を低価格で提供可能にすることであり、企業生産拠点を数カ所に集約して生産コストの削減を図り、世界向けに輸送・販売するビジネスモデルが主流となっている。これがICTに伴った急激な変化であるため、新たな最適経営手法をまだ確立出来ておらず、多くの企業は既存の域内完結の経営手法を拡張してそれに適用している。

　グローバル経営に対する認識は様々であり、それに伴って、各企業のグローバル経営手法も組織編成も多様化している。特に、グローバル経営の特徴として、コストを考慮した海上輸送を望まれるため、工場から販売会社までの輸送リードタイムが長い。表2－1はアジアから欧州へ海上輸送のリードタイムを示している。表2－2は深圳とニューヨーク間の40フィートのコンテナをリードタイムとコストの関係を示している。

表2-1　東南アジアから欧州へコンテナ船の輸送リードタイム

(単位：日数)

項目	必要日数
ExICT Factory	0.5
Carry in	0.5
Onboard Operation	0.5
Ocean way	25
Custom	3
Inland transICT	1
合計	28.5

表2-2　40フィートコンテナ1本のコスト・リードタイム比較

	深圳⇔NYコスト（万円）	深圳⇔NY（日数）
コンテナ船	75	25
航空便	350	5

　既存の域内完結または国内完結の経営手法では、リードタイムが短いため、需要の変動に対して、受注生産のように対応可能である。つまり、生産には生産効率のアップと在庫の削減、販売には営業、客対応の強化でシェア確保にそれぞれ専念すればよいのである。

　しかし、グローバル経営において、工場の生産、販売会社の販売活動は世界各地で行われ、経営の外部環境要因が多くなり、その制約を受けて、企業経営状況の把握は困難となっている。更に、企業の統制とセキュリティを加え、部門間の情報が分断されやすく、経験と勘に頼って意志決定すると、場当り的な経営状況に落ちやすい。例えば、販売状況を把握できずに立てた生産計画により、販売会社に無駄な在庫をもたらす。その一方で、販売会社は自社の販売状況の増減に応じて、工場に対して緊急発注したり、発注を取りやめたりして、工場の生産コストを増大させるだけに止まらず、その緊急発

注の納期を合わせるため、輸送リードタイムの短縮を図り、輸送モードの切り替えも頻発し、輸送コストも増加する。このような状況を解消するため、経営情報の統合は重要な基礎となる。

　また、海外の生産と販売、国際物流の企業活動の中で、そのリスク要因は国内経営より多くなるため、需要と供給の変動リスクは大きくなる。更に、輸送リードタイムの増大でリスクの対応が難しくなる。

第3章 GCM システムとは

　第2章で述べた現状と問題点に着目して、グローバル経営は以下の要件を備えた全体最適を図る経営改善手法とICTツールが求められている。その条件として、
1．世界に配置する工場・販売会社の経営情報の一元統合とリアルタイム化
2．経営現状の可視化による問題点の発見
3．時間軸上で管理出来る有効なビジネス手法
4．販売・在庫・輸送・生産の全体最適・改善ができるモデル

3.1　経営支援システムの現状

　グローバル企業の経営において、上記海外展開の企業戦略を明確にすることが極めて重要であるが、戦術的にICTの活用により、企業の統合をより強力にすることができる。その基盤はERPシステムである。本来ERPは経営戦略におけるストラテジー・コンテントとストラテジー・プロセスを明確にした上で、リソース・ベースト・ビュー（Resource Based View）の実行する手段として確立されるべきと筆者は考える。つまり、図3－1で示すように、ERPは経営資源を有効に利用する観点から統合的に管理を行い、経営の効率化を図るための手法・概念である。

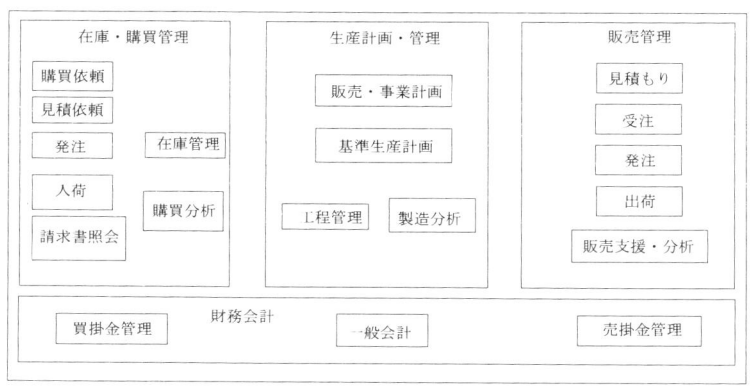

図3-1　ERPの概念図

　ERPの中身もモジュールで構成されている。ERPの財務会計モジュール、販売管理モジュール、在庫・購買モジュール、生産管理モジュールはそれぞれの関連部署でアクセスを行い、リアルタイムで同期を取りながら連携を強化して、全社の情報の一元管理を図る。しかし、第2章で述べたグローバル企業統制の考え方により組織構成はダイナミックに変化することを考えると、ERPの導入、ERPの各モジュールへのアクセス権管理が困難な場合も考えられる。また、生産管理モジュールと一言に言っても、工場は世界各国に点在するグローバル企業にとって、その情報の統一は一意的なフォーマット、つまり共通のデータ形式の設計が必要である。企業業務の改革、統一された業務プロセス、マルチ言語の対応はERPパッケージの必要条件である。現状において、図3－2で示すように、ERPについて50％前後の中堅社員が知らないという結果から、企業の情報一元化の重要性に対する認識は極めて低いことを示している。また、図3－3では、企業の70％はERPパッケージを利用していないことから、情報の一元化や企業間連携は概念だけが先行している現状を物語っている。

第3章 GCMシステムとは

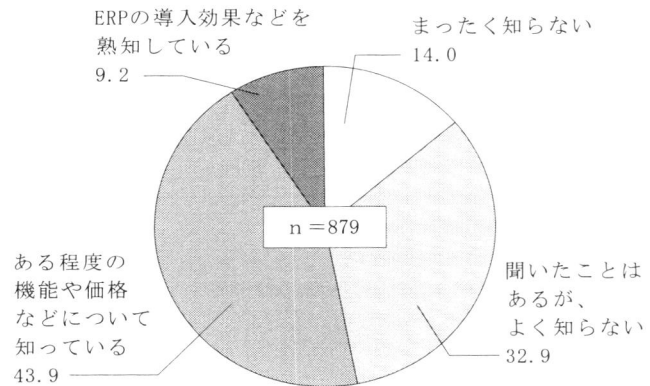

図3-2　ERPの認知度

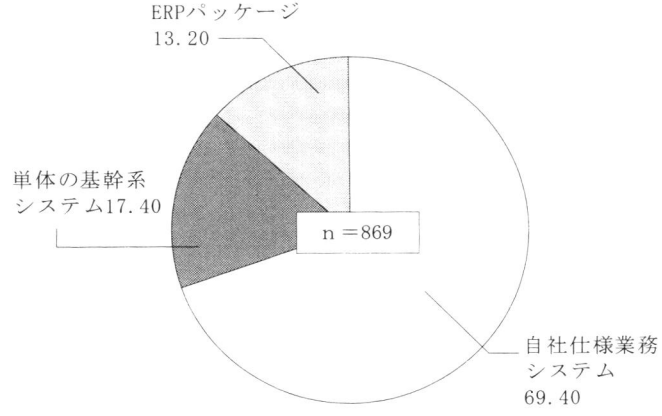

図3-3　ERP導入状況

実際にERPを導入して、図3-4で示すようにその概念から期待される効果が殆ど得られていないことはその背景にある。

＊部門・業務単体のパッケージ・ソフトの構成より、全体最適に向かない

31

＊部門毎のリソースの最大活用にしかフォーカスしていない
＊グローバル会計対応とシステムの安定稼働しか期待できない現状

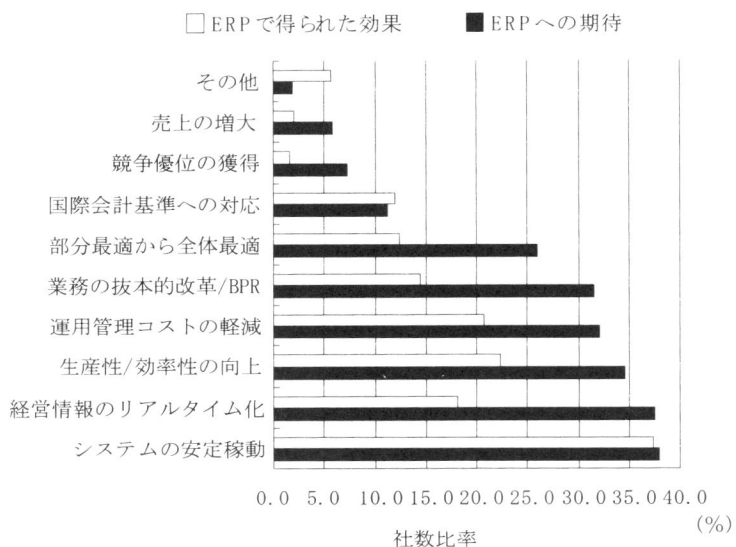

図3-4　ERPの導入期待と得られた効果の現状

ERPの導入に失敗する要因は段階に分けて挙げられる。
1）企画・計画段階における失敗
　① プロジェクトの目的、ERPを活用する指針が明確ではない。
　② プロジェクトのコストと期待効果を数値化できていない
2）詳細業務設計の局面で引き起こす失敗
　① 業務部門の意見が反映されず、情報システム中心で高機能無意味なシステムが氾濫していた
　② 現状業務プロセス維持という前提でERPを導入した。
3）システム構築・テストで引き起こす失敗
　① ERPパッケージの標準機能は不十分で、カスタマイズや追加開発でコストが増大した

② データ移行がスムーズに行かずに、そのメンテナンスでコストが増大した

　一方、SCMに関するICT投資効果を最大化するため、サプライチェーンにかかわる全てのアプリケーションをサプライチェーン全体に俯瞰して最適配置を行い、より柔軟で変化に適応できるトータルシステムを実現することを目的とすべきである。これにより、サプライチェーン全体がダイナミックなネットワークで結合され、環境変化を敏感に感知し、それに対応するための動的対応プロセス、つまりセンス・アンド・レスポンドにより、企業革新を図る概念である。SCMに対して、産学両方の研究者・実務者は常に異なる観点からその方法と技術を提供しようとしている。SCMは非線形的、時間発展的、ネットワーク化された動的なシステムであり、単独の技術や方法の出し合せでは、効率よく機能することはできない。

　また、SCMは関連するモデル、分析方法、技術、及びツールを活用し、戦略戦術、業務計画、実行の各レベルにわたる活動をカバーできる包括的方法が必要である。つまり、SCMは企業文化、組織構造、協力関係から業務計画、ビジネス・プロセス、性能測定など様々な局面を含んだ大変複雑なプロセスをもつシステムである。しかし、その取組みの現状では、計画系中心のSCPツールや実行系中心のSCEツールで構成されている。ここで言う計画系ツールの中身を見ると、主に生産スケジューラから発展してきている。つまり主に生産管理の計画パッケージである。一方、実行系ツールは主に既存の在庫管理、配送計画ソフトパッケージが中身となっている。しかしながら、図3-5で示すように、企業のグローバル化に伴い、全体最適を図るため、SCMの導入は積極的になっているが、その増加するペースはそれほど大きくないことを示している。

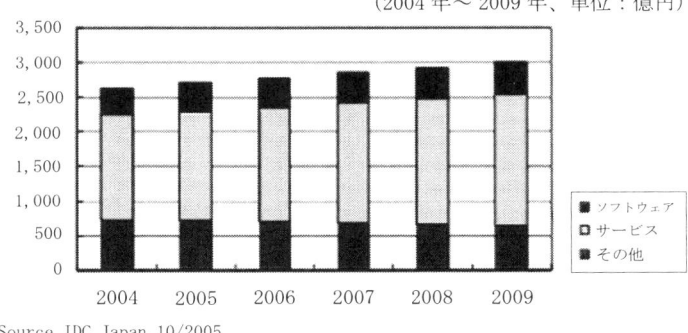

図3-5　日本のおけるSCM市場の実績と予想

　企業はサプライチェーン全体にわたって利益幅を改善し、在庫水準を落とし、パートナーとの協力を強化し、品質基準を高め、顧客要求をより厳密に管理しようとしている。サプライチェーンは、コストを削減しながら、その性能を最大限に引き出せるように企業を支援するサービス領域である。サプライチェーン・ネットワークの合理化からビジネス・プロセスのリエンジニアリングまでの意志決定を考慮しながら、企業はサプライチェーンを形成し、企業の経営効率化・合理化を図り、企業の成長につなげる狙いが根底にある。しかし、この狙いの実現のためには企業内の様々な部門を巻き込むだけではなく、協力する企業の管理組織まで関わることが不可欠であるため、期待される効果を得るのが困難な現状となっている。図3－6は企業戦略とSCMの関係を簡易的に示している。

図3-6　企業戦略とSCMの対応関係

SCMは異なった対立した目標を持つ企業、施設からなる複雑なネットワークとして構成されるシステムである。SCMシステムは企業統制できるグローバル子会社ではなく、全く別会社との協調関係が必要であり、データの共有もしくは信頼性に関する取組みには大きい壁が存在する。この壁の存在がSCMの効果を期待できない重要な一因となっている。また、需要と供給とを適合させることも、大変難しいことである。特に時間の経過と共にダイナミックに需要や費用要因が変化することがネットワーク全体の戦略にも影響を与える。

SCMの概念は以下の3つのレベルに分けて考えることができる。

1. ストラテジックレベルは、企業に長期にわたって継続的に影響する意志決定領域である。倉庫や工場の数、場所、処理能力や、ロジスティクス・ネットワーク全体フローの意志決定を行う。
2. タクティカルレベルは、一般に4期半から年に1度更新する意志決定する領域である。購買計画、生産決定、在庫政策や顧客への訪問頻度まで含む戦略を決定する。
3. オペレーションレベルは、スケジューリング、リード時間見積り、配送計画、積荷計画などの、日常的な意志決定領域である。

このようにSCMの概念は企業内だけではなく、協力企業、各階層戦略レベルの全般的な概念である。しかし、実際に企業へ導入すると、このような膨大な分野にわたって一貫性を持ったシステムではなく、各階層レベルの部分的な組み合わせしか現実的に実現できない場合が殆どである。近年、SCMに対する関心は爆発的に高まっており、多くの企業は自らのSCMに対して分析している。しかし、多くの場合、この分析は経験と勘に基づいて行われ、分析プロセスにおいて正しい分析モデルや分析手法が用いられる例はほとんどない。

SCMの各段階の目的が、互いに補助し合う事であれば、SCMの統合は必要がない。各段階が独自に効率的に管理され、同時にシステム全体も効率的に運営されるようにしなければならない。しかし、SCMにおけるそれぞれ

の段階の管理者には目的が相反する場合があり、その相反する目的をそのままにして何の調整も行わなければ、SCMの効果は発揮できなくなる。このような事情から第2章で示したように4割前後の企業しかSCMを導入する予定がないことを示し、日本国内企業の経営現状に反映している。

　SCMは、複数の目標をもち、そのうちの優先度の高いいくつかの目標を達成するために、他の目標が犠牲にされなければならないケースもよくある。そのため、SCMは以下のようなトレードオフの集まりと考えられる。

　＊ロットサイズと在庫のトレードオフ

　　製造工場は大きなロットサイズを望んでいる。大ロットサイズ化により、単位あたりの段取り費が低減され、工程管理が容易になるからである。しかし、大ロットでは大口注文がなければ、工場製品の在庫は増大してしまう。そうした場合、在庫管理費と生産コストの単純比較となってくる。

　＊在庫と輸送費のトレードオフ

　　一定の在庫を保って、コンテナ満載すれば、輸送費を低減できるが、在庫費用は増える。

　＊リードタイムと輸送費のトレードオフ

　＊SCMの全体リードタイムは、SCMの各段階のリードタイムの和となる。注文処理、製品調達、製造時間、そして輸送時間の待ち合わせなどを含む。大量輸送すれば、輸送コストは下がるが、リードタイムが長くなる場合が多い。つまり、輸送費の低減には、十分な工場在庫が必要となる。

　このようにSCM内における多くの要素において、その一部だけにフォーカスすると、全体利益に貢献することはできない。内部のトレードオフ関係を明らかにした上、全社戦略レベルで調整統制しなければ、SCMシステムを導入しても、期待する効果は得られない。

第 3 章 GCM システムとは

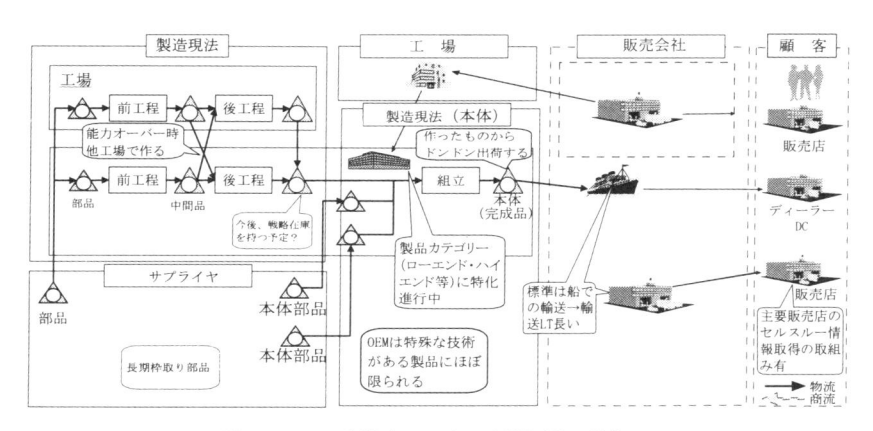

図 3 - 7　研究協力メーカー SCM 取組み現状

　図 3 - 7 は研究協力メーカの SCM 取組みの現状を示している。全般的に工場の工程管理しか経営強化していないことがすぐ分かる。つまり、SCM のコンセプトを理解しているにもかかわらず、企業内部状況により一分野へ経営努力が偏在しやすい傾向が根強く存在している。

　図 3 - 8 はリードタイム短縮の例を示している。改善した点は中間業者を排除し、直接消費者へ輸送を行うことでリードタイムを短縮したことである。しかし、SCM の視点で見ると、必ず全体利益に繋がるとは言えない。なぜなら、消費者へ直送していることで、輸送コストは現地販売会社やディーラーからの配送により大きくなる可能性が高い。リードタイムの短縮と輸送コストの増大を定量的に比較しないと、この場合、成功とも失敗とも言えない。つまりリードタイムと輸送費のトレードオフジレンマに落ちた典型的なケースである。

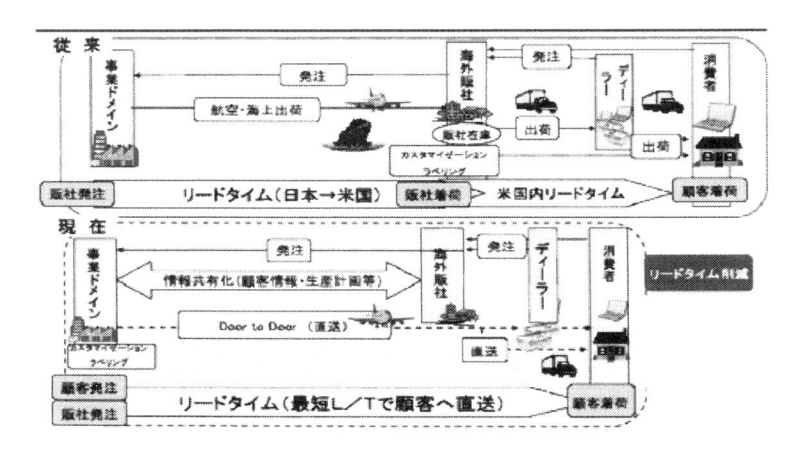

図3−8　Door to Door 輸送でリードタイム短縮例

　SCM・ソフトウェア・パッケージは、トップSystem Integratorにおいても統合された製品というよりも、分野ごとのツールを用いてソリューションを提供している。つまり各段階に対応する一連のパッケージ群で構成されている。しかし、このような分野ごとのパッケージの組み合わせで、SCM各段階のトレードオフ関係を部分的に解決できる可能性があるが、企業全体の視野での業務改善は明らかに期待できない。企業はSCMの導入に積極ではないことが考えられる。図3−9　2006年年商別日本企業のSCM導入状況と図3−10　2006年従業員数別日本企業のSCM導入状況は、それぞれ日本企業のSCM導入状況を示している。回答のあった全体の6割はSCMの導入に消極的であり、その詳細からも分かるように、会社の規模が小さくなればなるほどSCM導入に対してネガティブな回答が多くなる傾向が見られる。

第 3 章 GCM システムとは

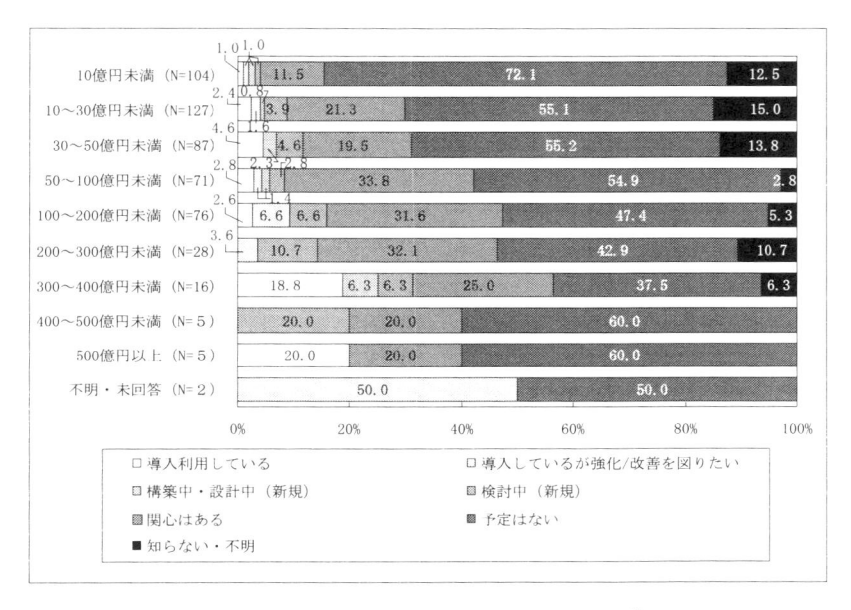

図3-9 2006年年商別日本企業のSCM導入状況

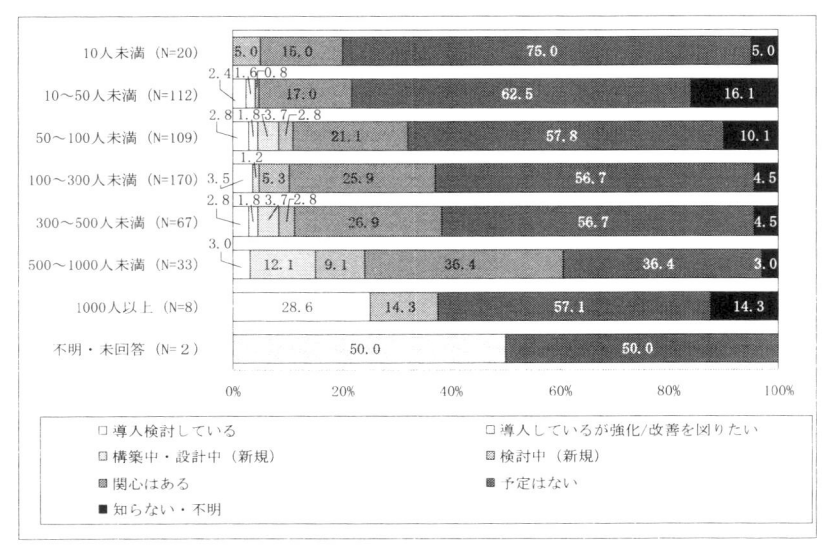

図3-10 2006年従業員数別日本企業のSCM導入状況

最近、ERPとSCMを整理した研究がなされている。その基本となる考えは、図3-11に示すように、ERPはSCMのベースという捉え方である。

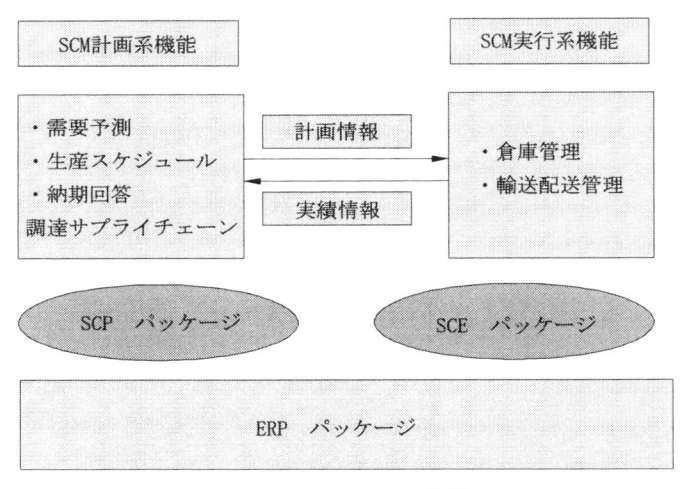

図3-11　ERPとSCMの現状関係

しかし現状において、ERPとSCMはその概念的、内容的にも曖昧な部分が多く、ERPパッケージとSCMパッケージの中身も重複するケースが多くある。本書はERPとSCMの問題点を考慮して、異なる目的となるチェーンのプレーヤを統合し、そのスコープを絞った上、ダイナミックに拡張可能な新たな経営支援システムを提案する。

3.2　GCMシステムのアプローチ

ERPとSCMの問題点に着目して、本書ではGCMシステムを提案する。GCMはグローバル・カンパニー・マネジメントの略で、離散的時間発展型シミュレーションを使った経営支援システムであり、グローバル企業経営の現状を踏まえて、生産・物流・販売だけをチェーンとして捉え、よりシンプルでかつ有効な、実現可能なアプローチを取るためのシステムである。

SCMのような各段階のトレードオフ関係はシステムスコープ内で吸収し、統制できる子会社の目標、情報を共有することにより、経営計画をシミュレートし、グローバル企業経営の効率化・利益向上に寄与する。

GCMシステムはERPとSCMのような、生産、物流、販売における単独なSCP、またはSCEパッケージを利用するだけではなく、DCM（Demand Chain Management）ベースで有効なシステムを提案する。なお、生産前段階における部品調達SCMは既に確立している、つまり、部品調達までにJIT調達システムが実現していることを前提とする。また、海外販売において、グローバル企業の現地販売法人までを範囲とし、現地販売法人から現地小売とのBC（Business Collaboration）は考慮しない。それは調達先と現地小売店は一般的にグローバル企業統制下にあるわけではなく、協力関係にあることから、本書のシステムの外側として捉えることが妥当であると考えられるからである。図3－12はスコープを示している。グローバル企業の科学的経営において、チェーン全体の最適化が重要となる。調達から顧客（E to E）までの全体最適は求められるが、現実的システムにおいて、その範囲が広すぎて、制約条件が多く存在し、複雑化が進む一方で、しばしばどこから着手すべきか分からないことさえあり、なかなか効果を上げられないのが現状であり、本書では、工場生産から海外現地法人までをGCMのスコープとする。

部品調達 → 工場生産 → 国際物流 → 海外現地法人 → 現地小売店

図3-12　GCMシステムの範囲

本書は企業内経営のコアに当たる生産、物流、販売に絞ってより現実的にモデル化を行い、生産工場の部品調達、販売ディーラーとの連携、小売から個人ユーザへの販売は今後に取り組むサブ・システムの課題とする。図3－13はGCMシステムの簡易構想図を示している。

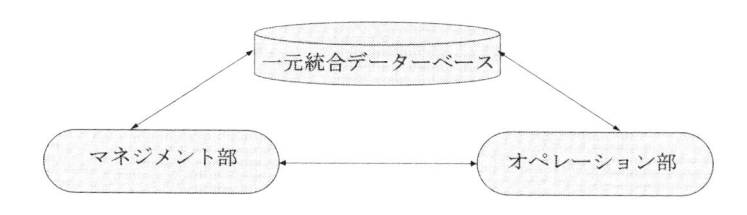

図3-13　GCMシステムの簡易構想図

　GCMシステムは離散的時間発展型シミュレーションを使った経営支援システムであり、そのコンセプトは、図3-14に示すとおりである。その特徴としては、離散型データを時間発展型（時系列で）マルチエージェントベースでシミュレートすることである。

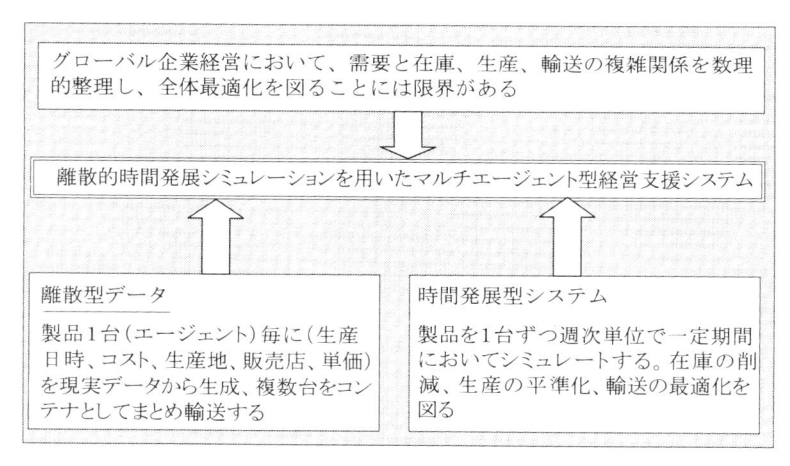

図3-14　GCMシステムのコンセプト

　GCMシステムは、実績データから、問題点を抽出し、リードタイム、在庫量、生産量、販売実績トレンドを把握し、問題点・改善点を発見する。なお、有効データは新鮮度とリアルタイム性と信頼性を有するデータを意味する。データの鮮度において、なるべく直近のデータでなければ、意味を持たない。リアルタイム性とは、現場のデータからデータベースへアップする早

さという意味ではなくて、蓄積されたデータを速やかに必要に応じて迅速に取り出せるということを意味する。信頼性はシステムにとって、極めて重要である。データの間違いによって、システム結果が不正確な代替案を出力すると、明らかに誤った経営意志決定となってしまうからである。GCM詳細は図3-15に示すように、

* データベース：離散型販売、輸送、在庫、生産時系列データ
* マネジメント：販売予測、プラン策定、輸送・生産
* オペレーション：時間発展型で策定プランを忠実実行することで構成される。

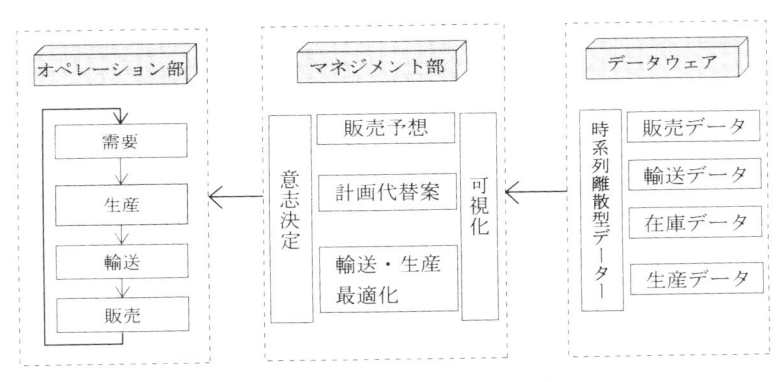

図3-15　GCMシステムの詳細構成図

3.3　GCMシステムのコンセプト

　企業のメイン事業分野の製品は1つずつ生産され、製品サイズに合わせて一定個数になるとコンテナにまとめ、販売会社へ輸送される。こうした中、製品を離散データとして、時間単位（月次、週次）でその流れを制御することは有効なシステム手法である。時系列でシミュレートすることは、製品のトレンドを明らかに反映させることができる上、メイン事業の収益改善を数値的に示すことによって事業のビジョンをより明確化できる。企業組織内でその数値化情報を共有すれば、業務改善に関わる組織間のコミュニケーショ

ンも容易となる。

　本システムの基本コンセプトは製品を1個毎またはグループ毎にエージェントとして表現する。エージェントには、工場内生産される情報要素、港で定期船に乗せて輸送される情報要素、販売会社で販売される要素が含まれる。システム内でエージェントの遷移状態を簡易的に図3-16に示す。

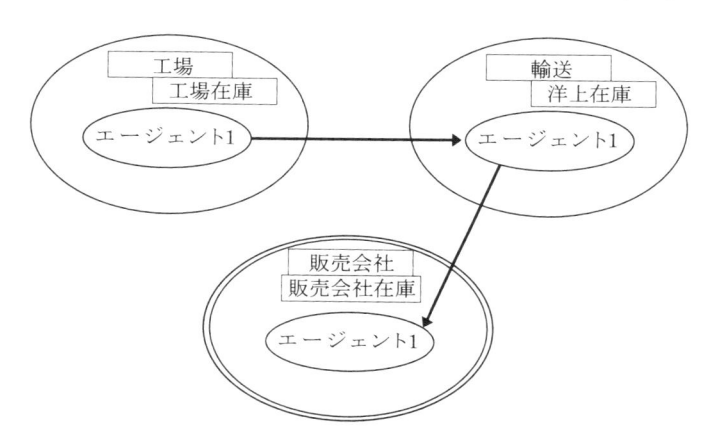

図3-16　エージェントのサブ・システム間で動的な遷移図

離散型データ

　製品毎または製品グループ毎にエージェントとして取り扱う。各製品または製品グループは、いつどこで生産、販売、輸送され、どの販売会社・倉庫でどのぐらいストックされたかに関する履歴をデータベースにアップロードされ、問題の可視化、未来予測に活用される。表3-1に示すように、企業の海外販売会社の統計データは離散的である。製品1個1個あるいは製品の1グループ1グループが離散データとして取り払われている。各製品・グループには、生産情報、輸送情報、輸送 Onboard（OD）情報、販売情報が定義されている。また、海上輸送において、コンテナ船のスケジュールテーブルに従って運航され、どの製品・製品グループがどのコンテナに積載されているかの情報を保持している。従って、システムを行うと、どの製品・グループは何時どこで生産され、どのコンテナ船に輸送されて、どの販売会社、

倉庫でどのぐらい期間ストックされたかはデータベース履歴にアップロードされる。

表3-1　研究協力メーカー販売実績離散データーサンプル

Sales Company Name	model series	ICTem code	Actual date	QuantICTy	Global ICTem code
ABE	PD62	C11C586001	20050206	4	C11C586001
ABE	PD62	C11C586001	20050306	296	C11C586001
ABE	PD62	C11C586001	20050417	244	C11C586001
ABE	PD62	C11C586001	20050430	894	C11C586001
ABE	PD62	C11C586001	20050522	444	C11C586001
ABE	PD62	C11C586001	20050529	-1	C11C586001
ABE	PD62	C11C586001	20050612	197	C11C586001
ABE	PD62	C11C586001	20050630	1	C11C586001
ABE	PD62	C11C586001	20050710	-3	C11C586001

時間発展型

　グローバルかつダイナミックな経営現状を把握し可視化するには、最も有効な手法である。販売予測は時間軸ベースで展開し、月時、週次、日次という時間刻みで、トータルリードタイムの長さに合わせて実行結果をフィードバックしながら、予測精度を高めていくには、時間発展型であることは不可欠である。予測結果に従って計画した生産・輸送プランの実行を時間軸で忠実に再現する。

　時系列データとは、時間の経過に沿って観測・記録されたデータのことである。例えば、表3－2は整理された研究協力メーカーの工場生産時系列データである。時系列データを利用して、統計的に傾向変動・サイクル変動、季節変動、不規則変動を把握することが可能となる。さらに、一見複雑な変動を描くデータもこれらの変動の組み合わせで表現できる。時間発展型システムとは、この時系列の時間進行に合わせて、シミュレートしていくという意味である。週次単位の生産実績における離散データを収集している。時間発展型システムでは、これに合わせて週次単位で生産、在庫保存、出荷、輸

送、入荷、販売会社在庫、販売などの経営オペレーションをシミュレートする。このように時間発展型システムは現実現象をリアルに再現することを可能にしている。

表3-2　時系列工場生産実績データサンプル

工場	Standard model	Date	生産量
FAC1	AAA 500	2005年4月17日	1726
FAC1	AAA 500	2005年4月17日	2589
FAC1	AAA 500	2005年4月17日	3452
FAC1	AAA 500	2005年4月17日	863
FAC1	AAA 500	2005年5月8日	625
FAC1	AAA 500	2005年5月15日	602
FAC1	AAA 500	2005年5月15日	913
FAC1	AAA 500	2005年5月15日	1208

マルチエージェント

　エージェントは自身が状況を判断して、行動を決定する特徴を持っている。つまり、与えられた目標や要求に対して、自分で計画を立案して移動し、ほかのエージェントと交渉・連携して不足している情報を自分で探索しながら目標を達成しようとする。本システムの製品と製品グループエージェントはそれらの機能をすべて備えているわけではない。

　GCMシステムにおいて、各製品・グループはシステム上でエージェントとして表現される。生産工場で個々に生成され、ロットサイズと出荷先コードでグループを自律的に形成する。1コンテナ分をまとめると、自動的に最小輸送時間の海上ルートを探索する。なお、適用する企業と長期契約していないコンテナ船の場合、第2の候補を探索するか、当該輸送会社と契約するかを判断する。GCMの輸送パッケージでは、その効率化を図っていく。次章でGCMシステムのモデリングについて述べる。

第4章 GCMシステムのモデリング

4.1 GCMシステムのモデル概要

　グローバル・カンパニー・マネジメントモデルはERPとSCMを意識しながら、グローバル経営のビジネス・プロセスのリエンジニアリング、戦略的なグローバル展開、戦術的なICTの経営支援に的を絞って、設計・導入・実行効果を可視化できるという統合システムである。そのモデルの基本アーキテクチャは図4－1に示すように、統合データベース、マネジメント、オペレーションの3つのサブモデル・アーキテクチャから構成される。

　統合データベースでは、GCMモデルを適用するグローバル企業の世界各地域に点在する工場、販売会社などの現地法人から生産、販売、輸送に関する情報をリアルタイムに本社基幹データベースにアップロードする。ここでいうリアルタイムとは、1台の製品が生産された、あるいは1台の製品が売れた情報を即時に統合データベースに転送する意味ではなく、一定間隔で、例えば、モデルの時系列の単位として、日時、週次、月次単位で基幹統合データベースシステムに同期を取る意味である。GCM統合データベースは、主に、工場生産に関連するデータベース、海上、航空輸送に関連するデータベース及び販売会社の売れ行きに関連するデータベースで構成される。

　マネジメントにおいて、主に適用企業の過去の販売実績を用いて、時系列で未来需要の予測を行い、その予測結果と実績のブレをリスクとして考慮した上で、販売、在庫、輸送、生産計画とスケジューリングのプランニングを行う。そして、そのプランをオペレーションでシミュレートし評価して、最終的に意志決定フェーズに移る。

一方、オペレーションでは、マネジメントで計画したプランを時系列ベースに製品あるいは製品グループをエージェント単位としてシステムを実行する。エージェントである製品また製品グループは生産工場でオブジェクトとして生成し、最短ルートのコンテナ船を検索し、目的販売会社へ移動する。販売会社でFirst In First Out（FIFO）規則に従って販売され、エージェントはGCMシステムから自動的に消滅する。上記の流れで、システム上では、製造スケジュール・コスト、工場在庫コスト、海上輸送時間・コスト、販売会社在庫期間・コスト、販売価格などで構成されるエージェントの要素情報を時系列にリアルタイムにGCM統合データベースへフィードバックする。

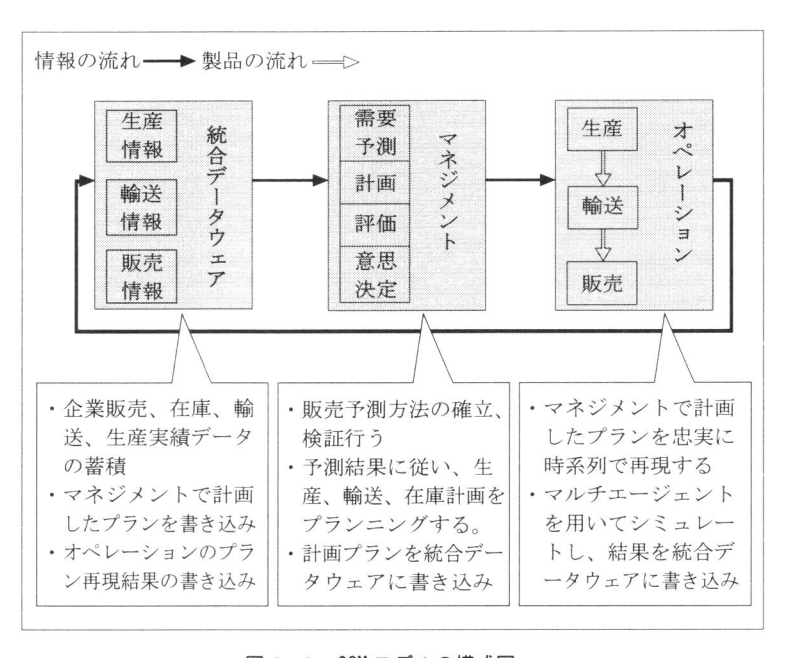

図4-1　GCMモデルの構成図

　まず、GCMデータベースから過去の時系列販売データを抽出し、適切な販売予測手法で未来販売予測を行い、在庫モデルに従って、販売会社在庫を

第4章　GCMシステムのモデリング

決定する。販売会社在庫より、生産と輸送の複数計画を絞り、その組み合わせ最適案を検索する。その最適組合せ案をオペレーション部で忠実再現し、実行の結果をリアルタイムにGCMデータベースへフィードバックする。そのオペレーションの進行に従って、時間発展的に予測と計画を見直す。次週から見直した計画をオペレーション部で実行する。

GCMシステムのモデルとパッケージの対応付けは図4－2に示す。GCMデータベースはDBコントロールクラスを通じてアクセスする。すべてのパッケージはそのインスタンスを利用する。販売予測と在庫決定は販売パッケージで構成する。輸送パッケージは輸送ルートと最短ルートの検索を行う。生産パッケージは生産計画の決定と輸送と生産の組合せを行う。

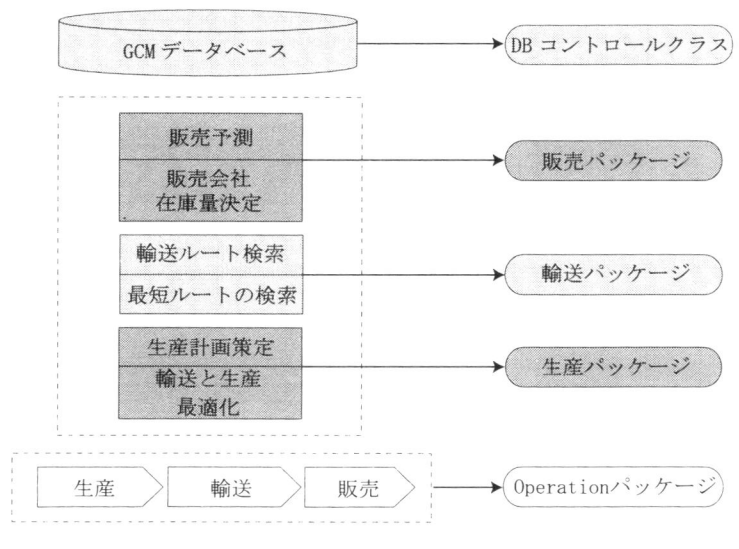

図4-2　システムモデルのパッケージ対応図

GCMシステムモデルのパッケージ構成は図4－3と図4－4で示すとおりである。適用企業の現状に応じて、既にグローバル規模でERPパッケージを導入しているかどうかによって区別される。ERPパッケージまたは社内独自基幹システムを導入している場合、その既存のデータベースをGCM

49

システムのデータベースに変換して、GCM システムに適合する。逆に導入していない企業には、GCM システムのデータベースを新規に構築する。

　GCM システムモデルは基本的に 3 つのサブ・システムもしくはパッケージで構成する。データベースは工場生産、コンテナ船の OD データ、販売履歴、工場、洋上、販売会社在庫データ、コンテナ船航路データで構成される。販売予測アルゴリズムは宮田研究室の書籍プロジェクトで利用されている NM 予測法とインクリメンタル予測法を製品の特性に合わせて係数を変化させながら、より精度を高めた予測法の改良あるいは新規開発を図る。なお、予測結果の検証段階でその誤差範囲をリスクとして評価する。

　販売サブ・システムは、過去の販売実績の分析結果に従い、販売予測の結果をデータベース化すると共に、予測ブレをリスクとして定量化する。製品エージェントはこのサブ・システム内で消滅する。

　販売予測結果と予測ブレを用いて、輸送パッケージは製品工場最短港から販売会社の最短港までの OD データを利用して、コンテナ船の運行データベースで最適船を検索する。

　工場生産のマスタスケジュールは工場サブ・システム内で行う。これは、主に製品の予測結果に従って、生産マスタプランをスケジューリングし、実行する。工場内の生産リソースを一定とし、マスタスケジュールに従って、生産の平準化を行う。

第4章 GCMシステムのモデリング

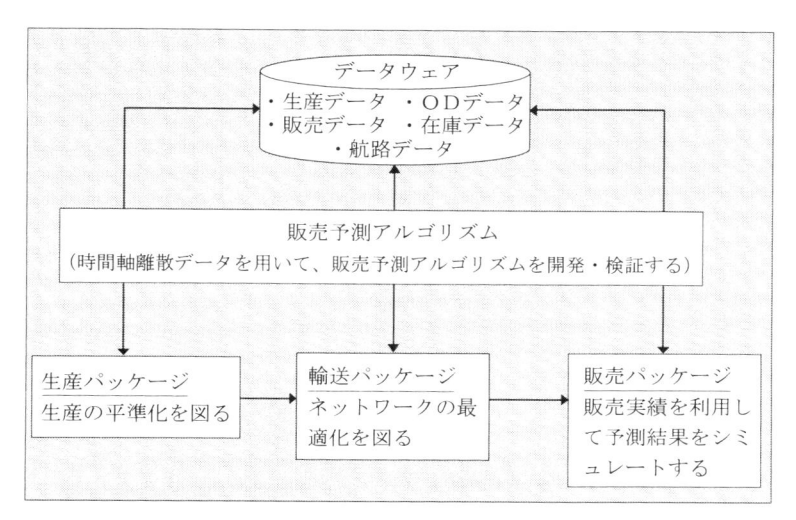

図4-3 GCMシステム・アーキテクチャその1

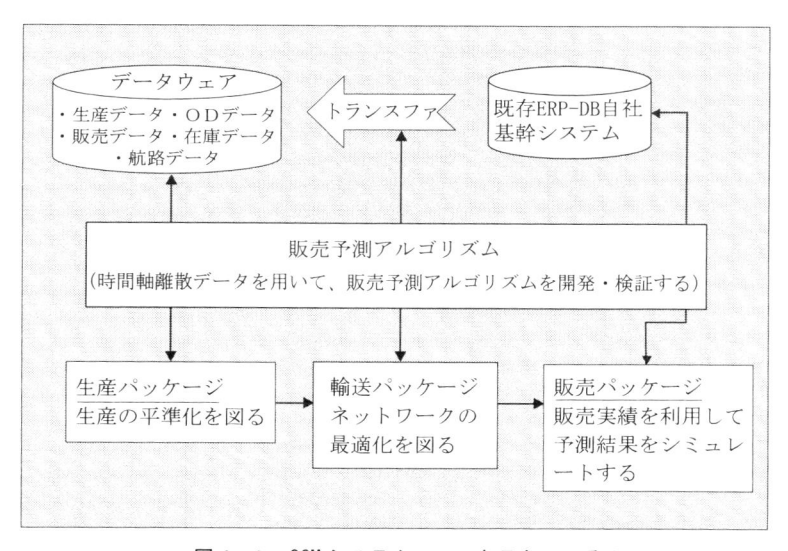

図4-4 GCMシステム・アーキテクチャその2

4.2 GCMシステムのアーキテクチャ

世界各地に生産工場・販売会社が点在しているグローバル企業は、地域工場、地域販売会社単位で独自の情報を持っている。このような世界中に分散している環境において、各地の基盤データベースシステムからGCM統合データベースへのデータの同期処理は重要である。GCM統合システムは分散型システムである。前述したネットワーク技術とインターネット技術、特にVPN（Virtual Private Network）、WebサービスとXML（eXtensible Markup Language）を利用して低コストでデータ同期を実現することが可能となる。GCM統合システムのハードウェアとネットワークイメージは図4－5に簡易的に示している。

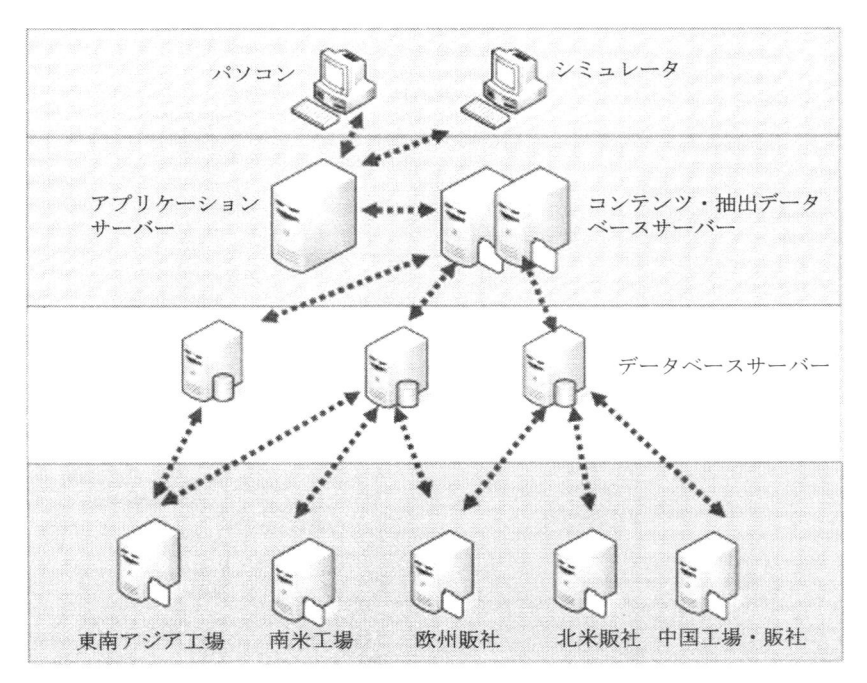

図4-5　GCMシステムのハードウェア構成図

一番下の階層は世界各地工場・販売会社の基幹情報システムあるいはデータベースシステムとなっている。これをインターネットのセキュリティを意識してデータを暗号化し、VPNなどのプロトコルで上位の本社のデータベースサーバーあるいはデータセンターへ生産、在庫、販売データを時系列単位の周期でアップロードする。さらに上位のコンテンツサーバーは下位のデータベースサーバーにある莫大なデータからシステムに必要なデータを各テーブルからセレクトし、メモリへコピーする。シミュレータ管理者は個人PCを利用して、アプリケーションサーバーへリモートでシミュレータを起動する。アプリケーションサーバーは先に抽出したデータにアクセスしながらシステムを進行させ、システム実行結果に基づいて、経営についての意志決定した上、選択したビジネスプランは上位から下位へ逆の方向で世界各地の工場、販売会社のシステムへフィードバックする。それに従って、工場、販売会社はビジネスプランを検証しながら実行する。システム上では、オペレーション上でエージェントを生成し、生産、在庫、輸送、販売順で忠実に時系列的に進行させる。

GCMシステムはオブジェクト指向言語JAVAで設計・実装している。プラットホームへの依存性が低いため、UNIX、LINUX、Windowsサーバはすべて利用可能となる。また、データベースサーバーも各会社の現状に適合して、あらゆるリレーション型データベースサーバーが利用可能である。例えば、Oracleでも、MS－SQLでも利用可能である。

図4－6はUML（Unified Modeling Language）仕様に従ったオブジェクト指向ユースケース簡易図である。ここで、利用者は意志決定者と表現しているが、必ずしも意志決定を行う組織内のメンバーである必要はない。実績データを用いて需要予測を行い、販売会社在庫を決定した上、複数の生産計画と輸送計画プランをシステムで比較評価する。オブジェクト指向の基本設計において、ユースケース図は簡易な表現でありながら、システムの目的もしくはゴールを明確化する役割を果たす。

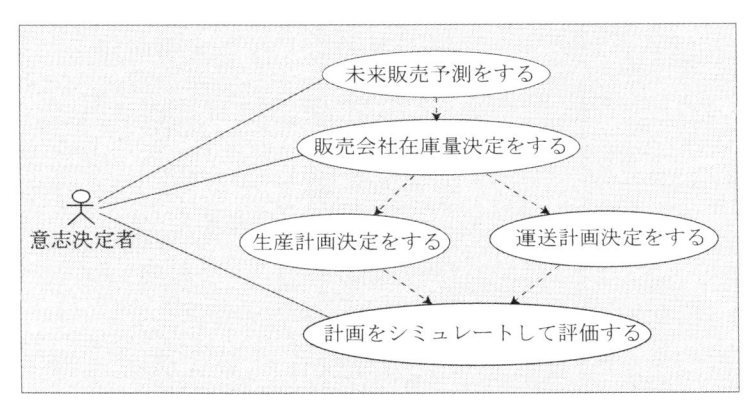

図4-6　GCM システムのユースケース図

　GCM システムの制御の流れは図4－7に示す通りである。システムは日時、週次、月次など時系列の特性に応じて、制御変数tを決定する。通常はシステムの適用企業の製品サイクルと経営マスター計画に合わせて調整する。本書に協力する研究協力メーカーの場合、経営支援する製品の特性に応じて、52週間（1年間）でシミュレートする。システムの制御の流れを説明する。

　まず、シミュレータの初期化は、主にシステムを開始するための準備である。システム実行サーバーまたはワークステーションに必要なサービスまたはタスクを起動し、システムのローカル変数、大域変数の宣言・定義、必要な言語ライブラリ、パッケージのインポートなど前処理を行う。

　次に、システムのルーピングを開始する。製品サイクルによって制御変数tを決定し、システムを繰り返す実行回数として利用する。エラーや例外が発生しなければ、t回まで繰り返して実行する。

　続いて、データコントローラオブジェクトを通じて、GCM データベースへアクセスを行う。具体的には、Java とデータベースの接続のための API である JDBC（Java DataBase Connectiv）ドライバーを用いて、データベースから必要なデータ系列を読み込む。また、シミュレート結果をデータベースへフィートバックする。

第4章 GCMシステムのモデリング

　そして、先にデータベースから読み込んだ実績需要データを用いて、未来需要予測を行うため、係数予測法を改良して適用される。その誤差は実データを用いて検証を行い、リスク評価を数値化する。以上を予測クラスとして設計・実装する。またその予測結果はデータコントローラオブジェクトを通じて、データベースへ書き込まされる。

　販売予測とその誤差（分散）に従って、販売会社在庫の適正水準を決める。その在庫水準に合わせ、納期とリードタイムを制約条件として、複数の生産、輸送の組み合わせプランを作成する。次に複数のプランをコスト最小という目的変数で最適化を図る。実行結果に従って、企業意志決定者は売上げと利益とサービス率を考慮して、最終的な意志決定を行う。

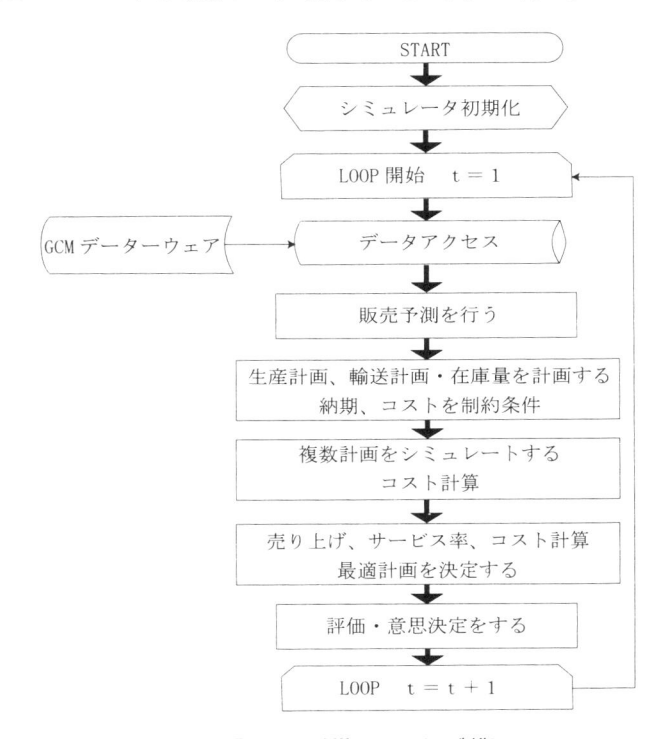

図4-7　GCMシステムの制御フロー

図4－8はGCM System Static Block Diagramであり、システムの全体イメージを示している。まずGSM統合データベースが中心となり、各ブロックはデータコントローラを通して、データの読み書きを行う。シミュレータはシステムの動作全体を管理するコントローラで管理し、ここで実行期間を決定する。販売予測を行って、販売会社の在庫量を決定する。生産マネジャーは生産計画を決定し、エージェントを生成する。生産履歴を生産データベースに書き込む。

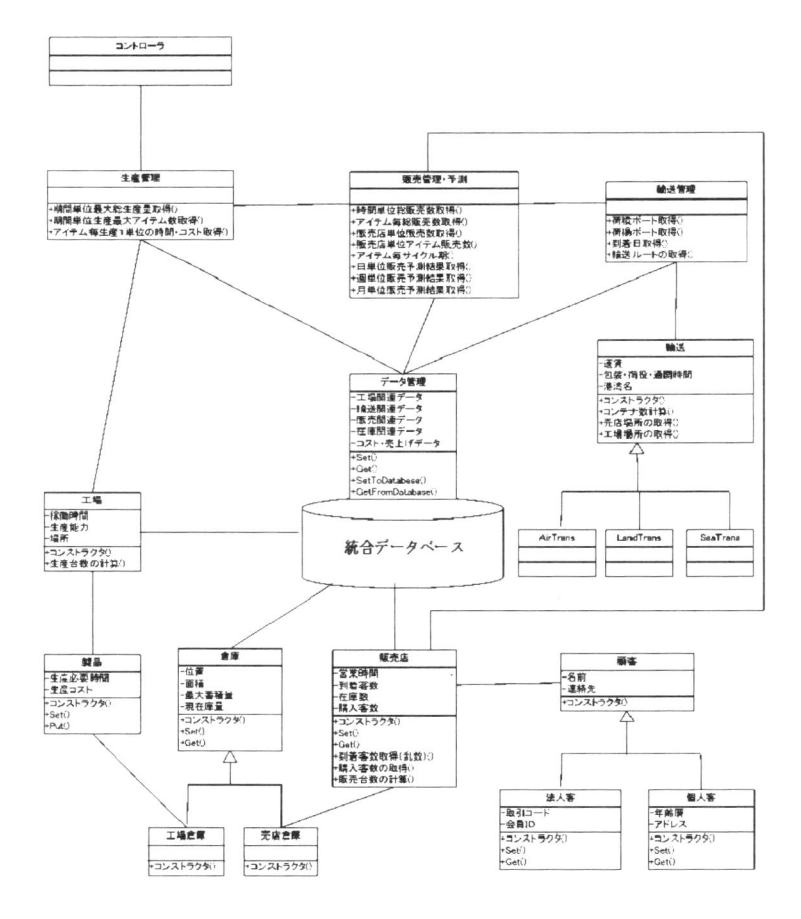

図4-8　GCM System Static Block Diagram

第4章 GCMシステムのモデリング

　研究協力メーカーのケースにおいて、GCM System Static Block Diagramに従って具体化した静的簡易クラス図は図4-9である。まずGCMシステムの動作全体を管理するSimulation Controlクラス、データベースへのアクセスマネジメントする DataBase Control クラスと、operation、management、evaluationの3つのパッケージで構成される。Managementパッケージは、Predictor Managerクラス、Transport Managerクラス、Production Managerクラスで構成されている。一方、Operationパッケージには、Factoryクラス、Transportクラス、Salesクラス、productクラスから構成される。Evaluationパッケージはコスト比較・リスク評価を行うEvaluationクラスで構成される。

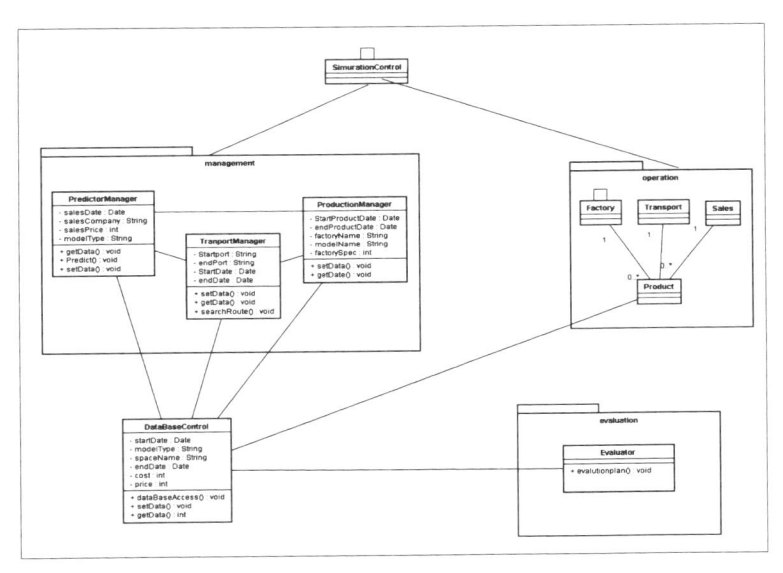

図4-9　GCMシステムのクラス構成図

　図4-10はGCMシステムのダイナミックなシーケンス図となっている。上下順は実行の順番を示している。過去の製品需要の実績に基づいて、Predictor Managerオブジェクトを生成し、需要予測を行い、DataBase-Controlオブジェクトを通じて、データベースに書き込みを行う。予測結果

に従い、販売会社の適正在庫量を決定し、Production Manager と Transport Manager を用いて生産計画と輸送計画を決定し、DataBase Control を用いてデータベースへ書き込む。続いて、オペレーション部分では、エージェントである製品を生成してから、マネジメント部分で生成した複数のプランを忠実に再現する。その次に、前述したように、複数のプランを制約条件の元で、コストと利益を目的変数として、比較評価する。ここで、データベースのアクセスはすべて DataBase Control オブジェクトを用いて行う。次節からその詳細のデータ構造と販売予測・輸送・生産パッケージを説明する。

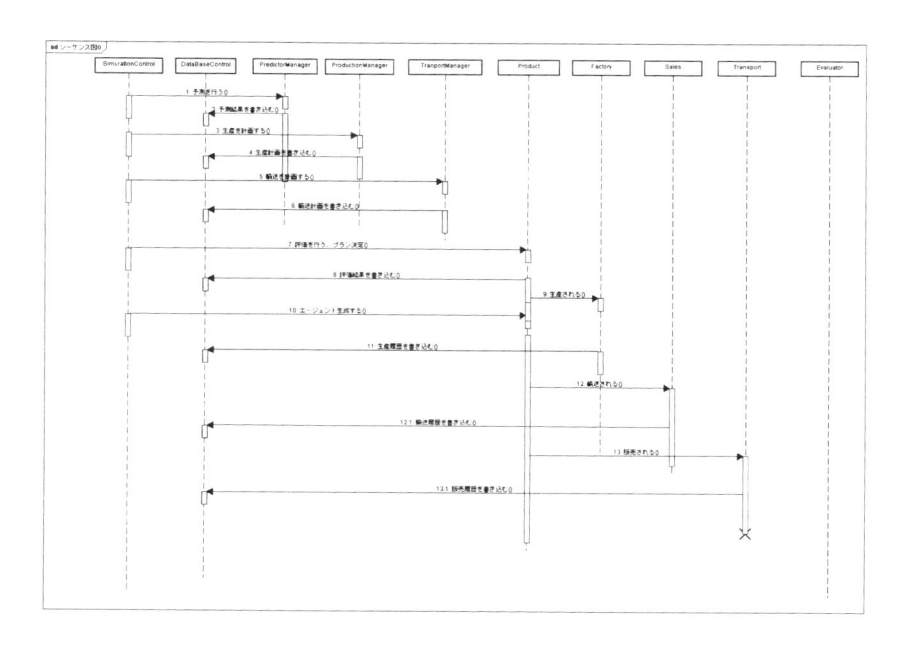

図 4-10　GCM システムのシーケンス図

4.3 GCMデータベース設計

　本書においてデータベースとは、複数の基幹データベースシステム、例えば生産管理データベースシステム、販売管理データベースシステム、会計データベースシステムなど企業経営に関連するデータベースシステムに統合されたデータベースを意味する。本書においては、主に各データベースの設計を中心にしているが、大規模トランザクションや再構成、再構築の処理詳細をデータベースソフトの処理方式に従う。

　GCMデータベースは生産情報、輸送情報、販売情報、需要予測結果及びシステムのオペレーション実行履歴で構成されている。新規に導入する場合、各部分のデータベースを同様なデータベースサーバーソフトウェアが望ましい。既存社内基幹システムで情報蓄積された場合、GCMのデータフォーマットに変換する必要がある。

　基本的には、GCMのデータベースはリレーションデータベースモデルによりデータを管理する。つまり、表（テーブル）、索引（インデックス）とビューがその構成の基本となる。表はデータを記憶する基本単位であり、行と列で構成する。索引は表に対応付ける構造で、データの検索効率を向上する目的で作成される。これに対して、ビューは1つまたは複数の表のデータを各種演算によって加工した表現であり、これは仮想的な表で実データは存在しない。

　データベースシステムを構成する各データベースの物理構造において、データ・ファイルには、データベースのすべてのオブジェクトが格納される。つまり、表・索引などのオブジェクトはデータベースに割り当てられた1つ以上のデータ・ファイルに物理的に格納される。

　REDOログ・ファイルは、2つ以上のファイルから構成され、データベースに対する変更情報が記録される。この変更情報を利用してデータベースを障害から回復することが可能となる。このREDOログ・ファイルは物理

的に複数ディスクに配置し、多重化されたグループで構成される。

制御ファイルは、データベースを管理する重要なファイルである。データベース名、REDOログ・ファイル名、データ・ファイルの格納位置などを管理する。

GCMデータベースの論理構造の表領域は、データベースを構成する論理的な記憶単位であり、関連するオブジェクトをまとめてグループ化するために利用される。1つ以上のデータ・ファイルで構成される。表領域は2つのタイプに分けられる。

* SYSTEM表領域：データベース作成と同時に自動的に作成され、データ・ディクショナリが格納される。
* 非SYSTEM表領域：ユーザ用データ、つまり表、索引、ロールバック・セグメント、一時セグメントを格納する。データ・ディクショナリはデータベース作成時に自動的に作成され、データベースに関する情報を提供する表の集合である。データベース管理者と利用者はこの情報を用いて、データベースのマネジメントを行う。データベース内のデータはデータ・ブロック、エクステント、セグメントで構成される。
* データ・ブロック：1つのデータ。ブロックはディスク上の領域であり、データベースのアクセスI/Oの最小単位である。デフォルトサイズは2KBである。
* エクステント：複数の連続したデータ。ブロックで構成される。データベース記憶領域の割り当ての論理単位である。
* セグメント：エクステントの上位に位置するデータベースの記憶レベルである。セグメントはエクステントの集合である。セグメントはデータ・セグメント、索引セグメント、ロールバック・セグメント、一時セグメントがある。

GCMデータベースのデータベースサーバーはインスタンスとデータベース（データ実体）から構成される。インスタンスはデータベースサーバーのメモリのSGA（System Global Area）メモリ領域と、サーバーがデータベ

ースを管理する際に使用するバックグランド・プロセスで成立つ。SGA領域には、インスタンスに関するデータと制御情報、中には共有プール、バッファキャッシュ、REDOログ・バッファ、マルチスレッドサーバーの要求キュー、応答キューを管理制御する。バックグラント・プロセスは複数ユーザー、つまり、複数の工場、販売会社、倉庫から同時アクセス要求を受け、インスタンスのスケジューリングに従ってバックグランドでプロセスを起動し、要求を応じる。デフォルトのバックグランド・プロセスは、データベースライター、ログ・ライター、チェックポイント、システムモニター、プロセスモニターを基本として、それ以外のオプションバックグランドプロセスは、ログアーカイブ・プロセス、ディスパッチ・プロセスも利用される。

図4-11はGCMの取り組みデータベースにおけるデータベース構成を示している。データの種類と時間軸を二次元で設計して、9個のデータベースから構成される。それぞれのデータベースのテーブルレコード構成は図4-12に示す。

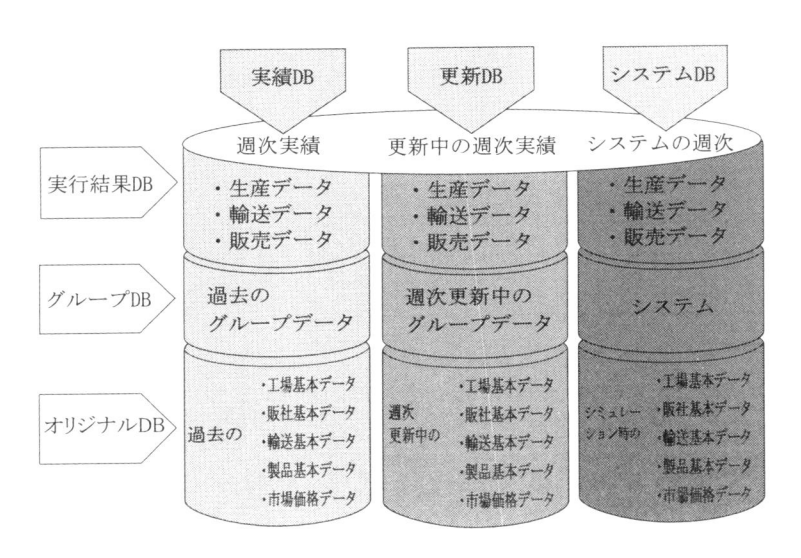

図4-11　GCMデータベースイメージ図

まずデータの種類において、オペレーションの実行結果履歴データベース、製品をグルーピングしたデータベースと企業の現場からアップしたオリジナル実績データベースに分けることができる。オペレーションの実行結果履歴データベースは生産データテーブル、輸送データテーブル、販売データテーブルを含んでいる。これらのテーブルの各テーブル例には各工場、販売会社の週次（あるいは月時、日時）の実行結果を記録して追加される。システム上では、これはリアルタイムデータである。

　それに対し、グルーピングしたデータベースは各製品グループの生産から販売までの履歴を該当テーブルのテーブル例に追加される。これらのデータは製品グループの時系列の情報である。ここで、グルーピングとは、システムの実行効率化を考慮して、製品１台１台毎をエージェントとして取り扱うのではなく、生産条件（生産場所・日時・コスト）、輸送条件（輸送手段・日時・コスト）、販売条件（販売場所・日時・コスト・価格）が同等な製品を複数個まとめ、グループ単位で取り扱うことである。１つのグループを１つのエージェントとしてシステム内に振る舞わせることより、システムの実行時間の短縮とコンピュータリソースの有効利用につながる。

　オリジナル実績データベースは、工場基本データテーブル、販売会社基本データテーブル、輸送基本データテーブル、製品基本データテーブル、市場価格データテーブルから構成される。

　次に、時間軸において、データベースを過去実績、現在実行中と未来予測の３つに時系列で考える。実績データベースは企業の過去の実績データの集合である。更新データベースはシステム中にリアルタイムに更新・追加されるデータである。システムデータベースは前述マネジメント・サブ・システムによる未来予測の結果データである。次に各種データベースのテーブルとそのテーブル例を構成するデータフォーマットを説明する。

第 4 章　GCM システムのモデリング

生産データのレコード
フィールド名
記録日
工場ID
モデルID
生産開始数
仕掛中製品数
生産終了数
出荷能力
出荷数
工場在庫数
生産コスト
在庫コスト

輸送データのレコード
フィールド名
記録日
出荷元工場ID
出荷先販社ID
モデルID
出荷数
出荷タイプ
納品予定日
輸送コスト

販売データのレコード
フィールド名
記録日
販社ID
モデルID
納品数
販売能力
販売量
販売在庫量
在庫コスト
量販店マージン
売上

週次データベーステーブル
・生産データ
・輸送データ
・販売データ

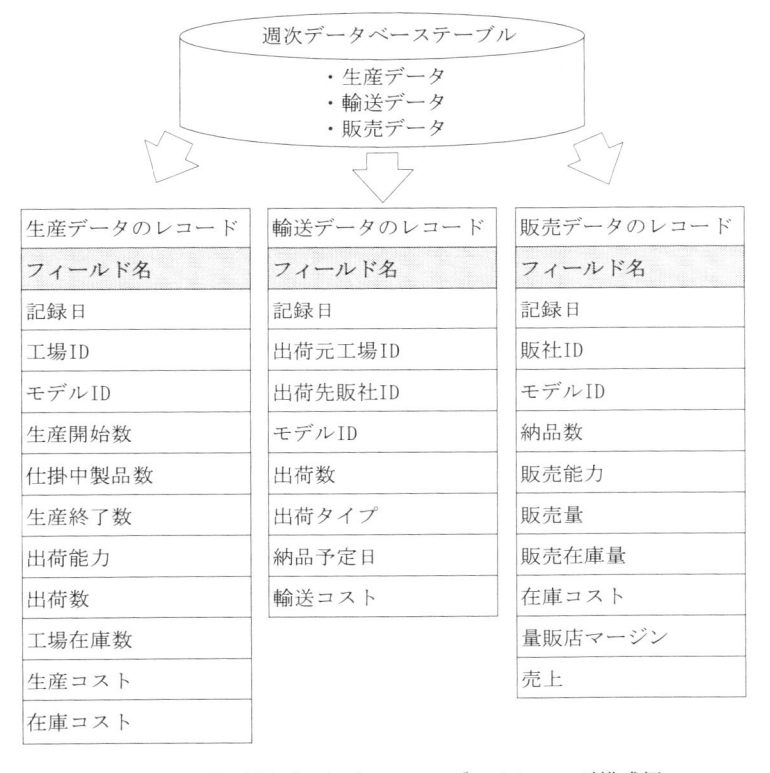

図 4-12　GCM データベーステーブルのレコード構成例

4.3.1　実行結果 DB

生産データ

　各工場で時系列に生産される製品の情報である。生産データのテーブルは表 4-1 で示している。

表 4-1　週次生産データのテーブル例

フィールド名	型	内容	記入例
記録日	Date	記録日	2006/10/20
工場ID	Int	工場識別番号	1
モデルID	Int	製品モデル識別番号	2
生産開始数	Int	生産開始台数	1000（台）
仕掛中製品数	Int	仕掛中製品数	1200（台）
生産終了数	Int	生産終了数	800（台）
出荷能力	Int	出荷能力	2000（台）
出荷数	Int	出荷数	1100（台）
工場在庫数	Int	工場在庫数	900（台）
生産コスト	Double	工場での生産コスト	107,426（ドル）
在庫コスト	Double	工場在庫コスト	488（ドル）

輸送データ

　輸送データは各工場から各販売会社への各製品の出荷状況を時系列ベースで時間進行して記録したものである。輸送データのテーブル設計を表4-2に示す。

表 4-2　週次輸送データのテーブル例

フィールド名	型	内容	記入例
記録日	Date	記録日	2006/10/25
出荷元工場ID	Int	対象工場の識別番号	1
出荷先販売会社ID	Int	対象販売会社の識別番号	3
モデルID	Int	対象製品のモデル識別番号	2
出荷数	Int	データ記録週の出荷数	1100（台）
出荷タイプ	Int	輸送手段　0:Sea　1:Air	0
納品予定日	Date	予定される販売会社納品日	2006/11/6
輸送コスト	double	対象製品モデルの輸送コスト	5371（ドル）

販売データ

販売データは各販売会社の各製品の販売状況等を時系列ベースで時間進行して記録したものである。販売データのテーブルの設計を表4－3である。

表4-3　販売データのテーブル

フィールド名	型	内容	記入例
記録日	Date	記録日	2006/110/05
販売会社ID	Int	販売会社の識別番号	3
モデルID	Int	製品のモデル識別番号	2
納品数	Int	データ記録週の納品数	1100（台）
販売数	Int	データ記録週の販売数	1200（台）
販売会社在庫数	Int	データ記録日時点での販売会社在庫数	300（台）
在庫コスト	Double	製品モデルの在庫コスト	366（ドル）
量販店マージン	Double	製品モデルの量販店マージン	67,141（ドル）
売上	Double	製品モデルの売上高	292,980（ドル）

4.3.2　グループDB

グループデータ

グループデータは各製品グループのテーブル列情報である。製品グループDBには、生産、在庫、輸送、販売までの履歴を蓄積している。製品グループ情報は随時更新が可能であり、システム実行時に最も処理能力を要求される部分である。グループDBのテーブルの設計を表4－4に示す。

表4-4　グループデータのテーブル例

フィールド名	型	内容	記入例
データ更新日	Date	グループデータの更新日	2006/3/5
モデルID	int	対象製品のモデル識別番号	3
グループサイズ	int	グループのサイズ	2000（台）
状態	int	グループの状態 0:仕掛中 1:工場在庫 2:輸送中（Sea） 3:輸送中（Air） 4:販売会社在庫 5:販売済み	2
生産工場ID	int	対象グループの生産工場の識別番号	1
販売会社ID	int	対象グループの販売会社の識別番号	3
出荷タイプ	int	輸送手段　0:Sea　1:Air	0
生産開始週	Date	対象グループが生産開始された週	2005/9/10
生産終了予定週	Date	対象グループの生産終了予定週	2005/9/17
生産終了週	Date	対象グループが生産された週	2005/9/17
工場出荷週	Date	対象グループが出荷された週	2005/9/25
納品予定週	Date	対象グループの納品予定週	2005/11/6
納品週	Date	対象グループが納品された週	2005/11/6
販売週	Date	対象グループが販売された週	＜空白＞
生産リードタイム	int	生産開始から生産終了の週数	1
工場在庫リードタイム	int	工場在庫として保有された週数	1
輸送リードタイム	int	工場出荷から販売会社納品までの週数	5
販売会社在庫リードタイム	int	販売会社在庫として保有された週数	1
1台あたり生産コスト	double	グループの1台あたり生産コスト	130（ドル）
1台あたり工場在庫コスト	double	グループの1台あたり工場在庫コスト	2（ドル）
1台あたり輸送コスト	double	グループの1台あたり輸送コスト	5（ドル）
1台あたり販売会社在庫コスト	double	グループの1台あたり販売会社在庫コスト	2（ドル）

4.3.3　企業実績DB

オリジナルDBに属するデータは工場基本データ、販売会社基本データ、輸送基本データ、製品基本データ、市場価格データ、コストデータを含んでいる。

工場基本データ

　工場基本データは各工場の生産可能モデルとその最大生産数、生産リードタイム、生産コストや工場在庫など、工場のスペックに関する一般的な情報を表すデータである。工場基本データのテーブルの項目を表4-5に示す。

表4-5　工場基本データのテーブル例

フィールド名	型	説明	記入例
工場ID	Int	工場の識別番号	1
モデルID	Int	製品モデルの識別番号	2
生産能力	Int	時系列単位で生産最大生産可能数	50000（台）

販売会社基本データ

　販売会社基本データは各販売会社の販売取り扱い対象モデルについての情報など、販売会社に関する一般的な情報を表すデーターである。販売会社基本データーのテーブルの項目を表4-6に示す。

表4-6　販売会社基本データのテーブル例

フィールド名	型	内容	記入例
販売会社ID	Int	販売会社の識別番号	3
モデルID	Int	製品モデルの識別番号	2
販売可/不可	boolean	対象販売会社で対象モデルが販売可否	TRUE

輸送基本データ

　輸送基本データは、各工場—販売会社間の輸送に関して、出荷タイプ別を表したデータである。輸送基本データのテーブルの項目を表4-7に示す。

表4-7 輸送基本データのテーブル例

フィールド名	型	内容	記入例
出荷元工場ID	Int	出荷元工場の識別番号	1
出荷先販売会社ID	Int	出荷先販売会社の識別番号	3
出荷タイプ	Int	出荷方法　0:Sea　1:Air	0

製品基本データ

製品基本データは各製品の発売日と新発売時価格を保持するデータである。製品基本データのテーブルの設計について、表4－8に示す。

表4-8 製品基本データのテーブル例

フィールド名	型	内容	記入例
モデルID	Int	製品モデルの識別番号	2
発売日	Date	対象モデルの発売日	2005/9/10
新発売時価格	Double	対象モデルの新発売時の価格	250（ドル）

市場価格データ

市場価格データは各モデルの各週の市場販売価格を保持するデータである。市場価格データのテーブルの設計について、表4－9に示す。

表4-9 市場価格データのテーブル例

フィールド名	型	内容	記入例
モデルID	Int	製品モデルの識別番号	2
販売週	Int	対象モデルの販売された週	2005/9/10
販売価格	Double	対象モデルの販売週での価格	250（ドル）

第5章 GCMシステムの構成

5.1 GCM予測サブ・システム

5.1.1 GCMシステムにおける在庫管理モデル

　従来の典型的在庫管理は発注のタイミングと発注量で論じている。定期定量発注法、定期不定量発注法、不定期定量発注法と不定期不定量発注法に分類できる。それぞれの発注法は商品の特性に合わせて使い分けると推奨される。しかし、業界毎に考える場合、研究協力メーカー側は生産の平準化また自社工場の在庫削減を図りたいので、定期定量発注か不定期定量発注法を小売業に要求する場合が多い。一方、販売会社または小売業側は自社の販売変動に迅速に対応したいので、不定期不定量発注か定期不定量発注法が望ましい。販売会社または小売業と研究協力メーカ側は常にケース・バイ・ケースで交渉する。

　グローバル企業経営では、組織構成によってこのような矛盾が必ず表面化にするとは限らないが、自社工場と販売子会社との間に、根本的にこのようなトレードオフ関係が存在することを否定できない。そのため、生産と販売は常に需要予測に従って計画管理することが重要である。

　在庫管理における情報は在庫製品数ではなく、常に出荷に対応する時間で管理することが要求される。国内経営においては日数ベースで管理できるが、グローバル経営においては日数を管理単位とするのは現実的ではない。それは国際輸送リードタイムの長さに由来している。比較的先進的な取組をしているグローバル企業は週次単位で管理しているのが現状である。本書の事例

対象とする研究協力メーカーは週次単位で取り組んでいる。

　研究協力メーカーの販売会社在庫現状からグローバル企業の現実の在庫問題が見えてくる。図5－1は研究協力メーカP5-0製品の販売と在庫状況を示している。横軸は週時系列、縦軸は在庫週数を示している。グラフから分かるように、第30週に50週間分の在庫量も抱えている。19週から22週における年末商戦のピーク売上に対応して、販売数の予測をせずに対応するため、取り急ぎ大量発注を行うというその場しのぎの対応を行っている現状を表している。ちなみにP5-0製品はアジアで生産し、北米で販売し、トータル輸送リードタイムは表5－1に示したように平均24日で約4週間前後である。リードタイムに合わせて安全在庫におけるサービス率95％の正規分布の安全係数1.8を用いて、GCMシステムによる適正在庫量の結果を図5－2に示す。また、同じ手法で研究協力メーカー製品PDXの在庫適正化を行った結果を図5－3に示している。在庫モデルは下記の式に示すとおりである。

$$S = N\mu + k\sigma\sqrt{n}$$

　ここで、Sは発注点、Nはリードタイム、μは平均需要量、kは安全係数、δは標準偏差を表す。

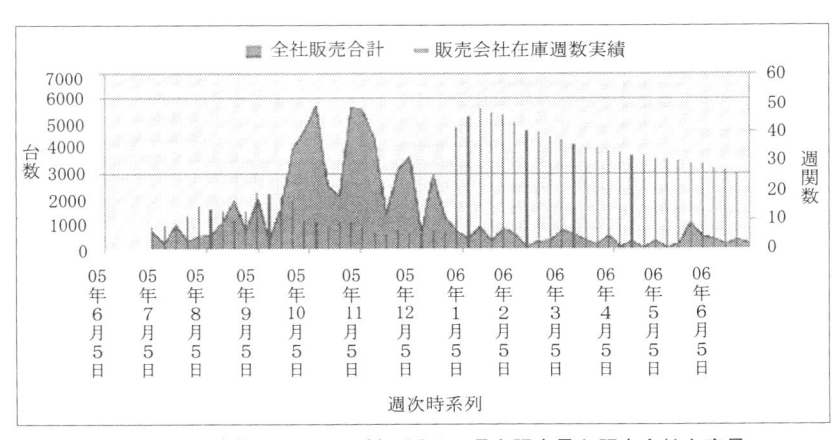

図5-1　研究協力メーカー製品P5-0の週次販売量と販売会社在庫量

第5章 GCMシステムの構成

表5-1 研究協力メーカーP5-0製品のトータル輸送リードタイム表　（単位：日）

Factory	Hongkong
Origin-Port	Hongkong
Destination-Port	Rotterdam
ExICT Factory	0.5
Carry in	0.5
O/B Operation	0.5
Ocean way	19
Custom	3
Inland transICT	0.5
輸送リードタイム（日）	24
輸送リードタイム（週）	4

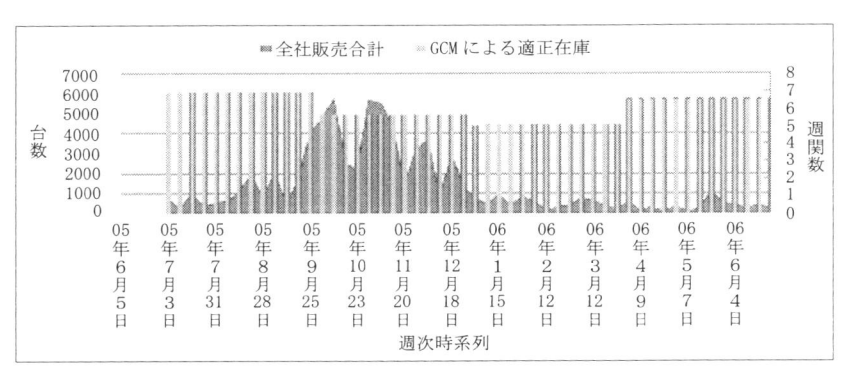

図5-2　GCMシステムによる研究協力メーカー製品P5-0の簡易適正在庫結果

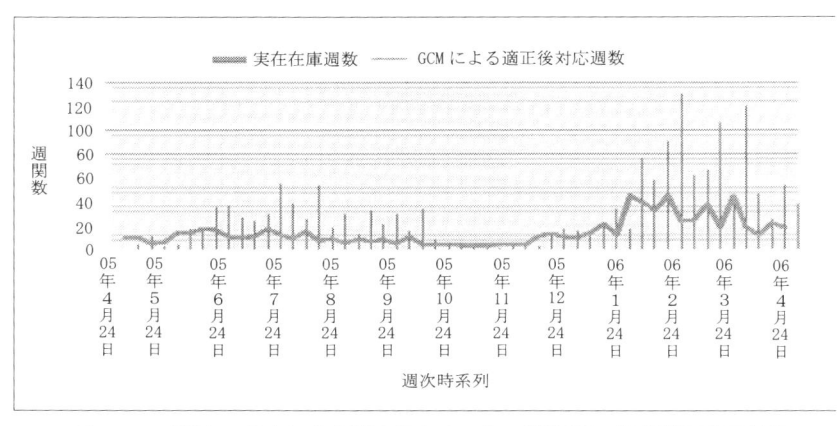

図5-3　GCMシステムによる研究協力メーカー製品PDXの簡易適正在庫結果

　GCMシステムにおける在庫は常に販売情報の予測に従って、工場在庫、輸送在庫、販売会社在庫を時系列で一元的管理すると同時に、販売予測のズレにおけるリスク管理の重要手段に位置づける。GCMシステムの導入によって在庫の削減効果をも期待出来る。

5.1.2　GCMにおける予測手法

　時間の経過と共に不規則に変動する現象の記録が時系列である。GCMシステムにおける時系列データは企業経営に関わる生産、輸送、在庫、販売などの履歴（記録）を指す。時系列データの特徴を把握するにはグラフで表示することは重要である。次に、その時系列データの特徴に合わせて、用いるべきモデルを決定し、更にモデルの表現に用いるパラメータの推定を行った上、将来予測を図っていく。そのモデルの適用精度の検証において、時系列における過去の実績データを利用する事は不可欠である。予測結果の妥当性を検証するためには十分な時系列の期間が必要である。例えば、POS（Point Of Sale）データを用いて、ある商品のある地域での販売傾向を分析し、予測モデルを決めるとき、過去2年間の時系列データの中から、1年目のデータを分析し、予測モデルを確立し、決定された予測モデルで2年目に

対して予測を行い、予測した結果を2年目の時系列実績データと比較・検証・修正を行う。妥当性が十分でない場合には、モデル・パラメータの調整または予測モデルの変更を行う。

　経営の実務上において、予測は当たらないものであるという説がある。特に1980年代日本バブル期を経験した経営者の多くは、このような考え方を持っている。今後バブル期で得られた経験と勘で経営し続けていくことは極めて危険である。バブル期の経営環境、顧客ニーズは極めて単純であることから、会社の販売目標あるいは売上目標を上げて、営業または販売会社が頑張れば目標達成に近づくことはできた。つまり、プッシュ型経営で十分に成功可能であったため、過去実績に拘らず、経営目標ベースで攻めの経営を展開できた。しかし、今後経営環境は厳しくなる一方であるだけではなく、顧客のニーズもますます多様化していく。あらゆる業界はグローバル競争に直面している。具体的には、部品の調達先、組み立て工場、販売会社あるいは販売代理店、顧客はBtoB、BtoCというビジネス形態に構わずグローバルな広がりとなっている。つまり、国内あるいは地域というローカル企業経営経験はグローバル企業経営に通用する経験とはならない。いわゆる頼れる過去の経験は存在しない。また、第2章で述べたように、グローバル経営において、その国もしくは地域の文化・慣習・政治情勢は複雑であり、これまで国内での経営経験から養った勘も偏った思い込みに過ぎず、全く通用しないと言ってよい。

　また、これまでグローバル展開してきた企業においても、グローバル環境の激しい変化に対して、既存の経験と勘は無意味になっている。その中で、為替が経済発展に伴って相対変動することは大きな要因の1つである。グローバル展開する企業は、海外の工場設立は低コスト生産が実現することを前提として、為替レートが相対的に低い地域または国で展開している。また海外販売会社は利益拡大を前提として、為替レートが相対的に高い地域または国へ進出している。しかし、近年BRICsの著しい経済発展は既存のグローバル・ビジネス戦略に変化をたらしている。つまり既存の南米・アジアで生

産、北米・欧州へ販売とグローバルへ展開するパターンは変化するであろう。そうなると、これまで蓄積された経験や勘は地域戦略の変化に伴って頼れなくなる。

　このように、グローバル企業経営は経験と勘のみには頼れない。複雑なグローバル環境を経営プロセスに影響を与える要因として捉え、製品の販売・生産・在庫実績という数字で表された結果だけは経営判断の唯一重要な根拠である。特に販売実績という時系列データの分析・予測モデルの確立は、グローバル企業経営において不可欠である。つまり、予測は厳密に当たらないものとはいえ、グローバル企業経営計画から最終意志決定において極めて重要な参考基準である。グローバル企業経営の実務上とGCMシステムにおいて、予測結果のズレを想定したうえ、リスクとして評価・対応することにより、予測はさらに重要かつ実用的になる。また、時間軸でリアルタイムにフィードバックすることにより、トータルリードタイム長から次の時間刻みで修正可能となり、つまり予測精度を高めることは可能である。

　時系列の予測はまず時系列データの分析から着手する。一般的には、時系列データはいくつかある一定傾向の組み合わせによって構成される。その傾向を示す要因として、TCSIが挙げられる。ここで、TはTrend（傾向線）、CはCyclical Component（循環変動）、SはSeasonal Variation（季節変動）、IはIrregular Variation（不規則変動）の略である。時系列分析では、これらの要因がお互いに重なり合い、相互に作用する。一見複雑な変動を描く時系列データも、この4つの変動要因の組み合わせによって構成される。

　既存の分析・予測手法は多く存在するが、時系列データの特徴に合わせて独自に予測モデリングすることは、実務上において重要である。以下にいくつかの既存の基本的な時系列データの分析・予測手法、並びに係数予測法の概要と特徴を述べたうえ、共同研究研究協力メーカーの実データを用いて分析予測・検証を図っていく。

　なお、GCMシステムの予測アルゴリズムはダイナミックに選択できるように設計している。つまり、取り扱う商品のTCSIを分析した上、最も適用

可能な予測アルゴリズムを利用する。なお、いずれの手法を利用しても、GCMコンセプトとしての時間発展型で精度を高めていく。つまり、予測結果をフィードバックした実績値を用いて修正しながら精度を高めていくことは変わりない。

5.1.2.1　簡易予測法

1．差の平均法

ある時点 t までの実績データ $y_1, y_2, ..., y_t$ がある時、直前のデータとの差平均は

$$A_t = \frac{(y_2-y_1)+(y_3-y_2)+\cdots+(y_t-y_{t-1})}{t-1}$$

$$y_{t+1} = y_t + A_t$$

式で示すようにこの単純な予測法は、一貫して上昇か下降か傾向をもつデータに適用可能であるが、上昇から下降あるいは、下降から上昇と変化するデータの予測には不向きである。

2．ブラウン法

2重指数平滑法とも言う。その考え方は次の式で示す。

$$F_{t+1} = a_t - b_t$$

ここで、

$$a_t = 2A_t - B_t$$
$$A_t = \alpha Y_t + (1-\alpha) A_{t-1}$$
$$B_t = \alpha A_t + (1-\alpha) A_{t-1}$$
$$b_t = \frac{\alpha}{1-\alpha}(A_t - B_t)$$

$$0 < \alpha < 1$$

ブラウン法は一定の上昇あるいは下降傾向のある時系列データの予測に適している。特に、長期的なトレンドを判断する場合に有効な手法である。

しかし、周期性上下変動する時系列データには向かない。ブラウン法では、係数αの決め方は予測の重要ポイントとなる。

3. 指数平滑法

次の予測値 y_{t+1} は、直前の予測値を y_t、実測値は x_t とすると、次式で示すのは指数平滑法である。

$$y_{t+1} = \alpha \times x_t + (1 - \alpha) \times y_t = y_t + \alpha \times (x_t - y_t)$$

$$0 < \alpha < 1$$

一般的に、指数平滑法は短期的な将来予測をする上でよく利用される代表的でしかも簡単な手法の1つである。現在に近い値によりウェイトを置き、過去になるほど小さなウェイトを置いて移動平均を算出する加重平均法であり、そのウェイトは指数関数的に減少する。上式で示すように、前回の実績値が予測値との誤差を算出し、それに一定の係数を掛けた値を前回予測値に加えて次の予測値を導き、係数αが0～1の間で予測誤差を小さくなる値を求めて決定する。

4. 移動平均法

平均を取る区間をずらしながら時系列データ傾向を把握し予測する最も単純な手法である。マクロな傾向を把握するのに適した手法で、移動平均フィルタリングとも呼ばれるように、データを滑らかにする。従って、単純な変動パターンを繰り返すデータ、例えば、株価データの分析予測に有効である。この手法のポイントは移動区間の長さの選択であり、時系列の長さにも依存するが、一般的に言えば、平均を取る区間を小さくすれば短期的なトレンドを、大きくすれば長期的なトレンドを把握できる。

$$Y_t = \frac{y_{t-a} + Y_{t-a-1} + \cdots + Y_{t-1}}{a}$$

ここで、aは移動区間を表している。

5．期別平均法
一定の周期変動を繰り返すデータから、期別の平均をとり、期別平均の通期平均に対する比として期別指数を求める。各期の期別を平均も求めた上、予測を図っていく手法である。この手法は簡単な季節変動傾向のある時系列データの予測に有効である。

6．EPA法
元データのTCSIを、まず季節変動（S）を分離し、次に不規則変動（I）の排除を行う。これに対してTCSIを一括でTCとSとIに分離する方法がEPA法（Economic Planning Agency method）で、精密な季節変動の計算が可能となる手法である。時系列データの特徴に合わせ関数式を当てはめて予測を図る。

5.1.2.2　最近隣法、灰色理論、単回帰分析、重回帰分析、成長曲線

1．最近隣法
カオス理論から抽出した時系列分析・予測手法である。これは一見すると無規則に見える時系列データから規則性を発見するのに有効な手法である。最近隣法では、予測しようとする値と連続したその前の2つの値のとの関係に最も近い過去データを参照して予測値の算出を行う。また、最近隣データを複数あげ、近いものから重みを付けて予測精度の高めることもできる。近隣データの距離計算の方法によってその表現する式は変化する。
最近隣法は過去のデータの範囲内で予測を実行するため、予測値が過去実績データの最大値より大きくならず、最小値より小さくならないという特徴がある。

2．灰色理論
グレイモデルとも呼ばれる。予測では一階の微分方程式モデルである。これは、情報を完全に分かる「白色」と情報を完全に分からない「黒色」を

持つ状態を利用して、知りたい「灰色」部分を予測する手法である。少ないデータでも予測が可能という特徴から、欠損値が多い場合、また過去の蓄積データが少ないためにルールを見出しにくい場合に有効な手法である。グレイモデルはよく数列予測、災害予測、季節災害予測、位相予測、システム統合予測に利用され、次式のように微分方程式で表現できる。

$$\frac{dy}{dx}+ax=u$$

ここで、変数の変化率と変数x、それに制御量uの線形結合を表現している。この一階微分方程式は下の式で表現できる。

$$x(t+1)=\left(x(1)-\frac{u}{a}\right)e^{-at}+\frac{u}{a}$$

パラメータaとuを求めて予測を行う。

3．単回帰分析

説明変数xを用いて目的変数yを表現する手法である。例えば、回帰直線の場合には次式で表され、このほかに対数近似、べき乗近似、指数近似などで回帰式が表現される。

$$y=a+bx$$

4．重回帰分析

目的変数yを、説明変数ベクトルxで表現する分析手法である。

$$y=a+b_1x_1+b_2x_2+\cdots+b_kx_k$$

重回帰分析には、複数の説明変数が与えられているが、そのすべての説明変数が分析予測に役立つとは限らないため、不要な説明変数を削除する必要がある。

5．成長曲線

時系列データが漸近する極限値を持った場合、その特徴を分析して予測を

行う手法である。主にロジスティクス曲線、ゴンペルツ曲線、遅れS字曲線などの種類がある。対象とするデータの特徴に合わせて最適な曲線を選択し、より正確な予測を図る。

ロジスティクス曲線は式

$$y = \frac{a}{1 + be^{-cx}}$$

で表される。ここで、a,b,cはロジスティクス曲線のパラメータである。
ゴンペルツ曲線は式

$$y = a \cdot \exp(-b \cdot c^x)$$

で表現する。a,b,cはパラメータとなる。
遅れS字曲線は式

$$y = a \cdot (1 - (1 + bx)) \cdot e^{-bx}$$

で表現する。a,bはパラメータとなる。

成長直線は新製品の成長、成熟、減退の全過程を表せるが、原理的に不確定さを持っているので、適用するときに、常に最新データを利用することが重要である。

5.1.2.3 係数予測法

XY係数予測法は、XY係数を求めることにより、Y日目までの累積販売数をX日目までの販売実績で予測する方法である。XY係数は最小二乗法における近似直線の傾きである。図5－4に示す。

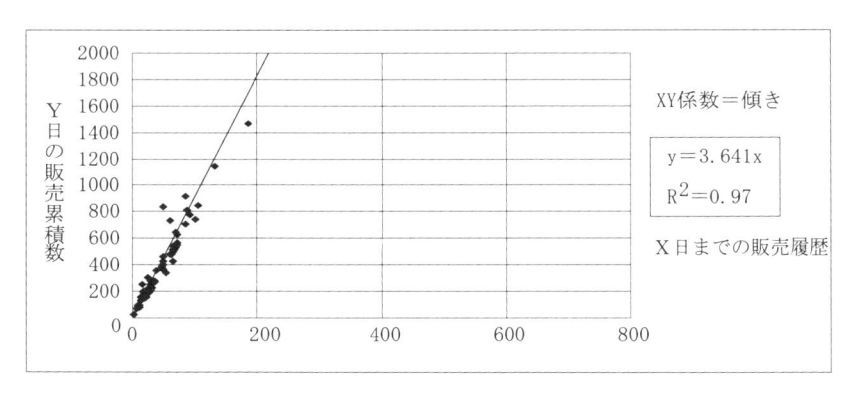

図5-4　ＸＹ係数の求め方

ＸＹ予測法は次式に示す

$$\sum_{1}^{y} S_y = \sum_{1}^{X} S_x \times \sigma$$

ここでＳｙ、Ｓｘ、σはそれぞれＹ日目までの販売予測数、Ｘ日目まで販売実績数、ＸＹ係数を表している。

　ＸＹ予測法は最小二乗法を活用して、Ｘ日目までの販売初速とＹ日目までの販売量の相関が強ければ、より高い精度の予測値を期待できる特徴を持っている。予測精度を高めるため、過去のデータで販売実績データを持つ期間に対して予測し、その誤差を検証してフィードバックすることは有効である。統計上でよく利用される平均値、分散値あるいは標準偏差で誤差を表す。既存ＸＹ予測法に移動平均とＰＭＬ分割を取り入れた改良法は修正係数予測法と呼び、ＧＣＭシステムで利用される。

5.1.3　ＧＣＭにおける予測手法の適用

　本書で提案するＧＣＭシステムにおいて、予測アルゴリズムはマネジメント部分のサブ・システムに位置付けている。ＧＣＭシステムを適用する企業の業種・製品に対して、予測アルゴリズムを既存の予測手法から選択して改良するか、製品特性に合わせて独自に新規開発するかなどカスタマイズする必要がある。以下に、ＧＣＭ研究プロジェクトで対象とした電機研究協力メ

ーカーの電機製品をサンプルとして、適用できる予測法の検証を行う。電機研究協力メーカーの機種PDXの2005年の週次販売量実績形式を表5－2に示す。このデータを利用して、研究協力メーカーPDXの2006年販売量に対して予測を行い、2006年の実績データと比較・検討・評価を行う。なお、研究協力メーカー共同研究製品のPLM（Product Life Cycel）を考慮して、未来予測を行うときに、同商品を衰退期に投入した同系列の新商品の予測にも当てはめる。

研究協力メーカPDXの2006年度の販売実績を図5－5に示す。

表5-2　2005年度電機研究協力メーカーPDXの週次販売実績（一部）

Date	販売量
2005年6月5日	2402
2005年6月12日	2381
2005年6月19日	1844
2005年6月26日	1958
2005年7月3日	3551
2005年7月10日	3790
2005年7月17日	3311
2005年7月24日	1834
2005年7月31日	2782

図5－5は2005年6月から2006年5月までのPDXの販売時系列実績と累積グラフである。グラフを見て分かるように、製品のライフサイクルをはっきり示している。

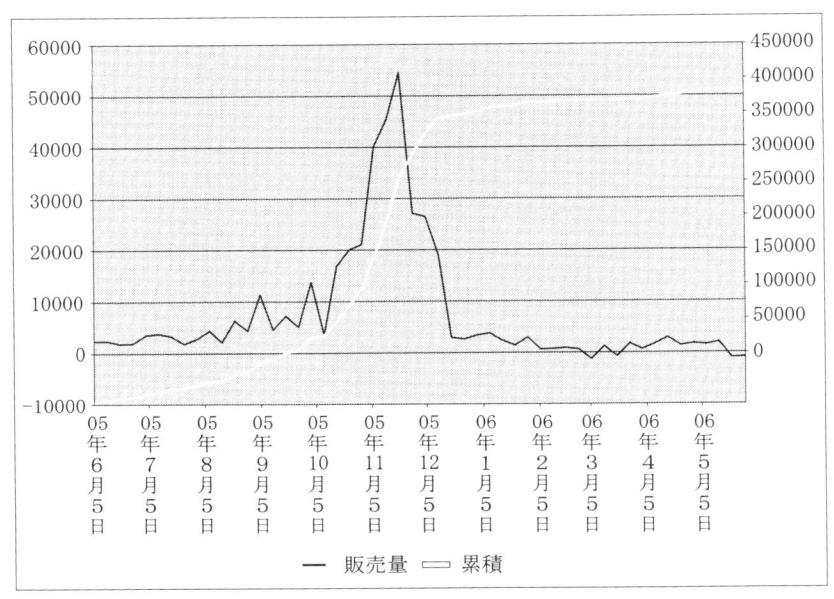

図5-5　研究協力メーカーPDX2005年度販売実績と累積グラフ

　表5-3と図5-6は2006年6月から2007年4月までのPDXの販売時系列実績と累積グラフである。これからPDX製品と研究協力メーカーの他製品の2005年度実績データを利用して、2006年度の予測結果の妥当性を精度と誤差により検証する。

第5章　GCMシステムの構成

表5-3　2006年度電機研究協力メーカーPDXの週次販売実績（一部）

Date	販売量
2006年6月4日	1766
2006年6月11日	1272
2006年6月18日	2370
2006年6月25日	311
2006年7月2日	287
2006年7月9日	464
2006年7月16日	1931
2006年7月23日	878
2006年7月30日	559
2006年8月6日	1080
2006年8月13日	5401
2006年8月20日	6161
2006年8月27日	1133

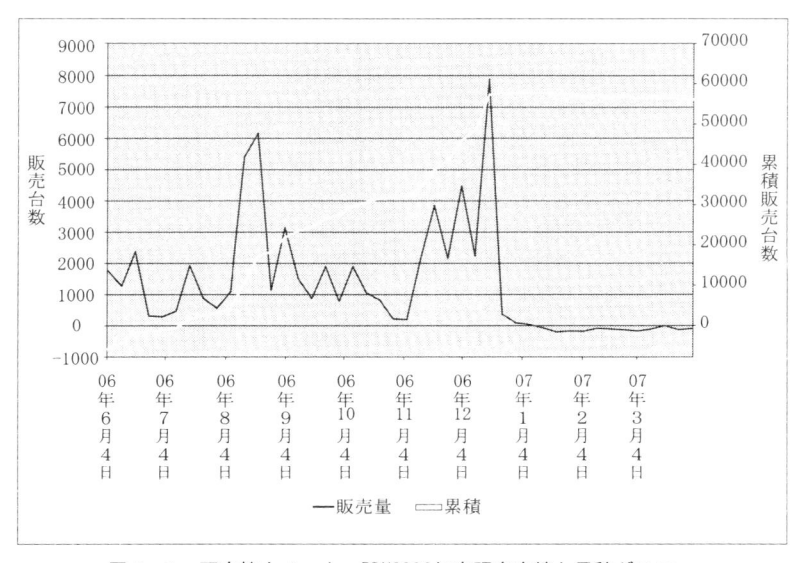

図5-6　研究協力メーカーPDX2006年度販売実績と累積グラフ

差の平均法とブラウン法は一定傾向に上昇または降下するデータのみに有効であることから、研究協力メーカー製品PDXの販売傾向グラフを見て、この2つの手法は適切ではないことが理解できる。しかし、累積データを用いれば累積ベースの予測が可能と考えられるが、研究協力メーカー製品の場合、欠品により販売累積データでも上昇傾向を維持することは不可能であるため、本書における研究協力メーカー製品への適用を行わない。

　まず指数平滑法を適用し、検証を行う。ここで、指数平滑法の係数を0.8とする場合、この値を用いて2006年分を予測した結果グラフを図5－7に示している。この結果から、指数平滑法は直前傾向に影響受けやすく、短期予測に適している。しかし、長期予測において適切な手法とは言えない。

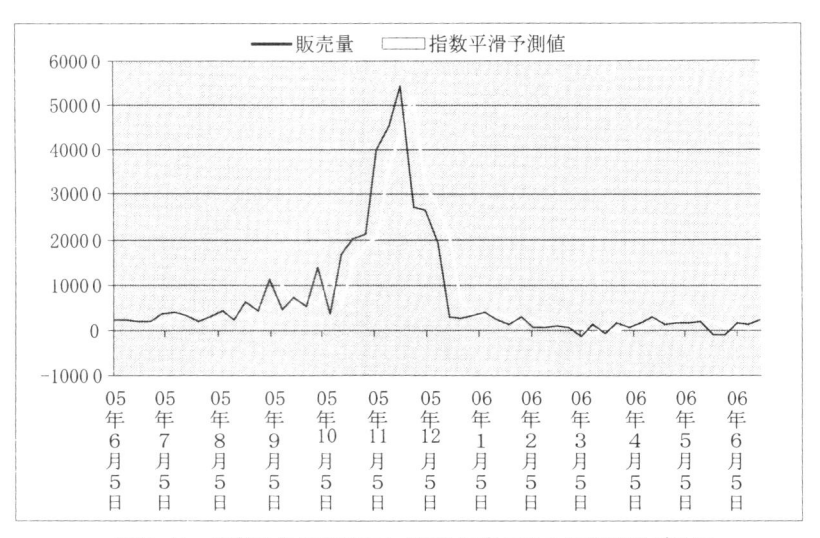

図5-7　指数平滑法を用いた2006年度PDXの予測結果グラフ

　次に電機研究協力メーカー研究協力メーカーの別の製品P6-2を指数平滑法で予測を行い、その適正を再検証する。表5－4は製品P6-2の実績データを示している。

第 5 章　GCMシステムの構成

表 5-4　研究協力メーカーP6機種のサンプルデータ（一部）

areaCompany	model	date	海外販売会社E販売量
海外販売会社E	P6-2	2005年1月23日	1267
海外販売会社E	P6-2	2005年1月30日	1818
海外販売会社E	P6-2	2005年2月6日	319
海外販売会社E	P6-2	2005年2月13日	664
海外販売会社E	P6-2	2005年2月20日	794
海外販売会社E	P6-2	2005年2月27日	1385
海外販売会社E	P6-2	2005年3月6日	3
海外販売会社E	P6-2	2005年3月13日	2138

機種P6-2のサンプルデータを利用して、指数平滑法の平滑値と残差を表5－5に示す。

表5-5　研究協力メーカーP6-2機種の指数平滑分析プロセス（一部）

平滑値	残差
1267.0	0.0
1432.3	385.7
1098.3	-779.3
968.0	-304.0
915.8	-121.8
1056.5	328.4
740.4	-737.4
1159.7	978.2
994.2	-386.2
1263.8	629.1
913.4	-817.4
775.6	-321.6
656.9	-276.9
726.2	161.7
616.0	-257.0
511.0	-245.0

P6-2機種の平滑結果と残差を図5－8に示している。残差値を見て分かるように、指数平滑法は適切ではない。

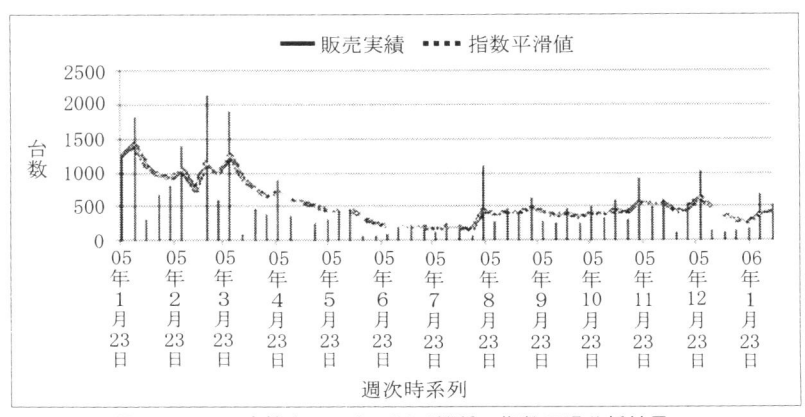

図5-8　研究協力メーカーP6-2機種の指数平滑分析結果

次に移動平均法で移動期間を変化させた予測結果の検証を行う。図5－9で示すように移動平均法は長期間予測する場合に移動期間を長くすると、季節変動が殆ど反映されなくなるので、研究協力メーカー製品において適用できない。

第 5 章　GCMシステムの構成

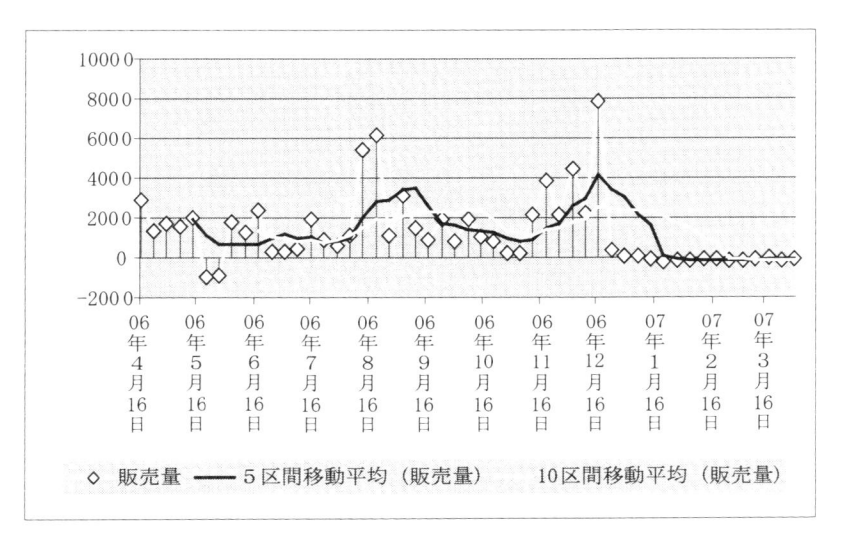

図 5-9　移動区間変化による移動平均法の予測結果グラフ

研究協力メーカの別の機種モデルP6-5で期間平均法の検証プロセスを示す。モデルP6-5実績サンプルを表5-6に示している。

表 5-6　研究協力メーカ機種P6-5実績サンプル（一部）

model	date	販売量
P6-5	2006年8月20日	800
P6-5	2006年8月27日	3198
P6-5	2006年9月10日	3335
P6-5	2006年9月17日	1403
P6-5	2006年9月24日	3572
P6-5	2006年10月1日	9700
P6-5	2006年10月8日	3311
P6-5	2006年10月15日	5289
P6-5	2006年10月22日	1599
P6-5	2006年10月29日	5537

図5－10は機種P6-5の販売傾向を示している。

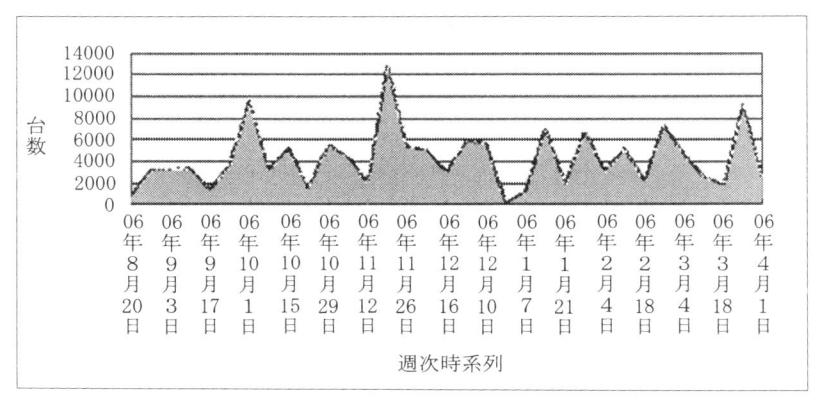

図5-10　研究協力メーカー機種P6-5の販売実績

期別平均法を行うプロセス表は表5－7で示している。ここで、期間は12週とした分析である。

表5-7　研究協力メーカー機種P6-5期別平均法（一部）

期	第1周期	第2周期	第3周期	期別平均	期別指数
1	3198	5366	2233	3599.0	0.7935
2	3335	5024	7368	5242.3	1.1558
3	1403	3041	4660	3034.6	0.6691
4	3572	5918	2625	4038.3	0.8904
5	9700	5733	1883	5772.0	1.2726
6	3311	212	9238	4253.6	0.9378

期別指数を図5－11に示している。

第5章　GCMシステムの構成

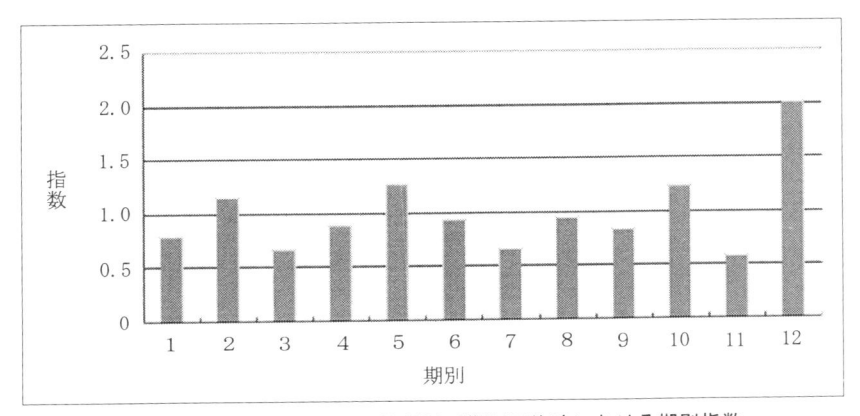

図5-11　研究協力メーカー機種P6-5期別平均法における期別指数

各周期と周期の平均値は図5-12に示している。期別平均と各周期の分散が大きく、季節変動に有効であるが、各期別の予測に有効ではない。

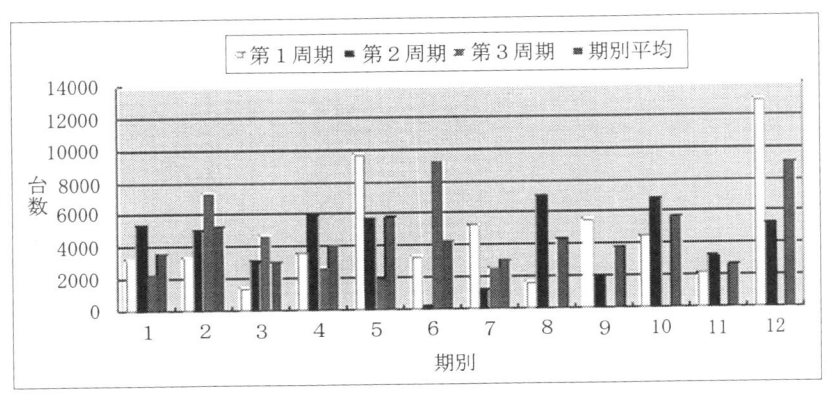

図5-12　研究協力メーカー機種P6-5期別平均法の期別平均

次にPDX機種の2005年度の販売実績データを利用して、2006年の次期新商品モデルの売上予測はロジスティクス曲線を用いる場合の検証を行う。

成長曲線のロジスティクス曲線で分析・予測を行って、そのプロセスは表5-8に示す。プロセスにおいて、パラメータa,b,cの求め方は重要である。

製品Pの場合、a=449311.607、b=195.171、c=0.193となる。

表5-8　研究協力メーカーPDXのロジスティクス曲線分析（一部）

パラメータ					
a					449311.607
b					195.171
c					0.193

Date	No	販売量	販売量累積	予測値	差の2乗
2005年5月1日	1	20	20	2774	7586488.2
2005年5月8日	2	4082	4102	3360	550861.3
2005年5月15日	3	3766	7868	4068	14442621
2005年5月22日	4	13025	20893	4923	255040964.8
2005年5月29日	5	8630	29523	5956	555413123
2005年6月5日	6	2402	31925	7202	611238947.7
2005年6月12日	7	2381	34306	8703	655500875
2005年6月19日	8	1844	36150	10510	657391667.8
2005年6月26日	9	1958	38108	12682	646488148.8
2005年7月3日	10	3551	41659	15286	695513460.6
2005年7月10日	11	3790	45449	18403	731469039.2
2005年7月17日	12	3311	48760	22123	709510394.4
2005年7月24日	13	1834	50594	26549	578159514.5
2005年7月31日	14	2782	53376	31794	465774579.8
2005年8月7日	15	4355	57731	37982	390004245.2
2005年8月14日	16	2154	59885	45245	214338380.9
2005年8月21日	17	6293	66178	53714	155347949.3
2005年8月28日	18	4329	70507	63520	48821681.1

　パラメータa、b、cをロジスティクス曲線式に代入する。これをベースに2007年7月からの予測を行い、その結果と実績は図5-13に示す。その製品の実績累積曲線にあてはめられなく、季節変動に対応できない。つまり、ロジスティクス成長曲線アルゴリズムは研究協力メーカーP製品の予測に適

第5章　GCMシステムの構成

していない。

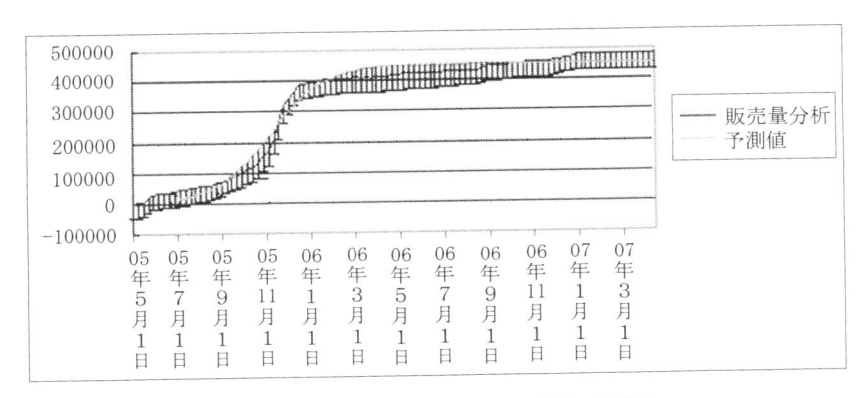

図5-13　ロジスティクス曲線で予測結果と実績値

次に、研究協力メーカーの製品P4-5-8について、EPA法で分析結果を示す。研究協力メーカーP4-5-8機種の販売実績は図5－14に示す。EPA法の分析プロセスの中間結果は表5－9に示す。

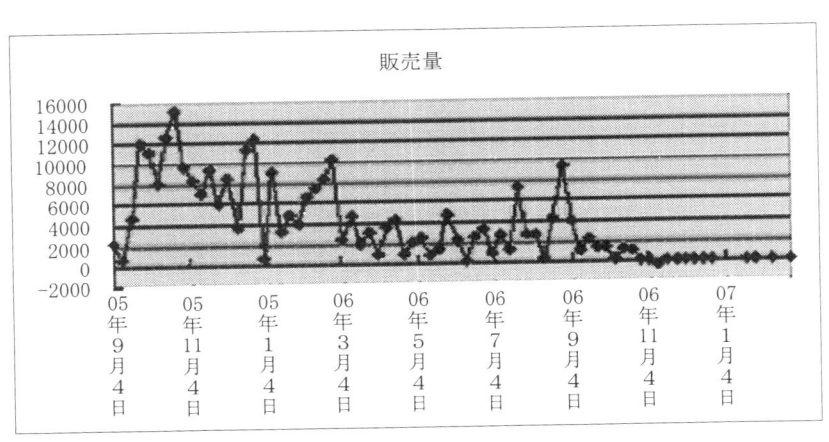

図5-14　研究協力メーカーP4-5-8機種の販売実績

表5-9　EPA法の分析プロセステーブル（一部）

関数式のあてはめと予測			予測ライン：	TC	上限値：	13220.19
決定係数	0.671686	0.639243	0.482037	0.585811	0.654534	0.696291
係数	-119.296	-1238.98	-2350.72	26827.2	0.173809	0.709359
定数	8293.155	11005.51	11712.85	0.927326	-0.09184	1.038171

月	TCSI：実績	TCI	TC	S	I	ルート	対数	ゴンペルツ
1月	2300	2603.589	2874.011	0.8834	0.9059	9766.525	11712.85	9255.734
2月	653	1203.106	3826.659	0.5428	0.3144	9253.322	10083.45	9130.634
3月	4731	7002.836	5435.27	0.6756	1.2884	8859.527	9130.32	9002.548
4月	12048	7950.251	7172.804	1.5154	1.1084	8527.543	8454.062	8871.473
5月	11232	8183.722	8950.176	1.3725	0.9144	8235.059	7929.515	8737.414
6月	8133	12880.26	11057.98	0.6314	1.1648	7970.634	7500.929	8600.38
7月	12626	11486.37	12018.35	1.0992	0.9557	7727.469	7138.564	8460.389
8月	15194	14784.07	11962.21	1.0277	1.2359	7501.137	6824.67	8317.464
9月	9653	10827.18	10910.49	0.8916	0.9924	7288.562	6547.796	8171.638
10月	8413	10484.78	9684.58	0.8024	1.0826	7087.503	6300.123	8022.95
11月	7091	5480.471	8158.845	1.2939	0.6717	6896.269	6076.076	7871.448
12月	9364	7407.3	7473.275	1.2642	0.9912	6713.548	5871.537	7717.189
1月	6096	6442.795	7200.681	0.9462	0.8947	6538.295	5683.38	7560.239
2月	8470	7773.251	6960.161	1.0896	1.1168	6369.662	5509.173	7400.675
3月	3654	6464.002	6992.982	0.5653	0.9244	6206.951	5346.99	7238.581

図5-15 EPA法の分析結果比較

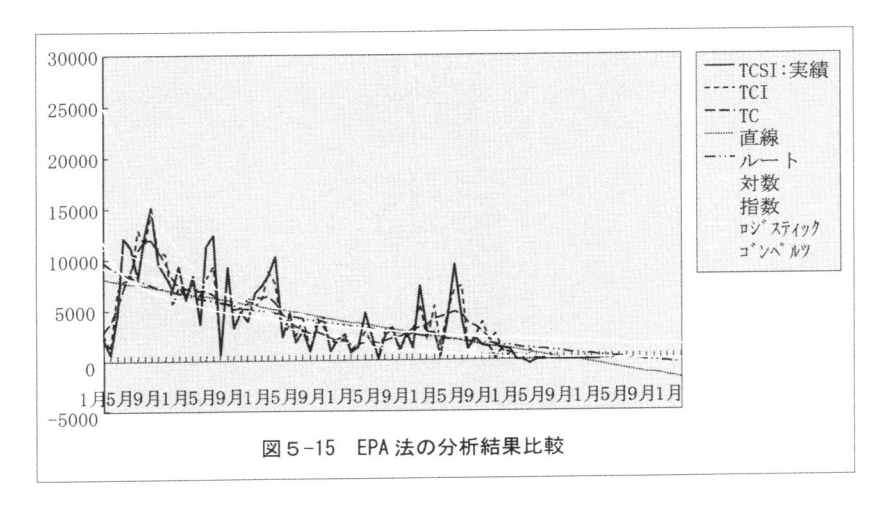

　図5-15で示すように、EPA法は季節変動に有効分析しているが、研究協力メーカー製品の場合、季節に影響を受けない製品あるいは地域もあるため、この手法は研究協力メーカーの全製品に適用出来るわけではない。

　続いて、係数予測法で研究協力メーカー製品の特性に合わせて、分析予測を図っていく。研究協力メーカー製品の2005年度〜2006年度の製品13モデルに対して、3月第4週時点での累積販売台数を100%とし、10月第1週〜3月第4週までの26週間の累積販売台数比率の推移は図5-16に示す通りである。

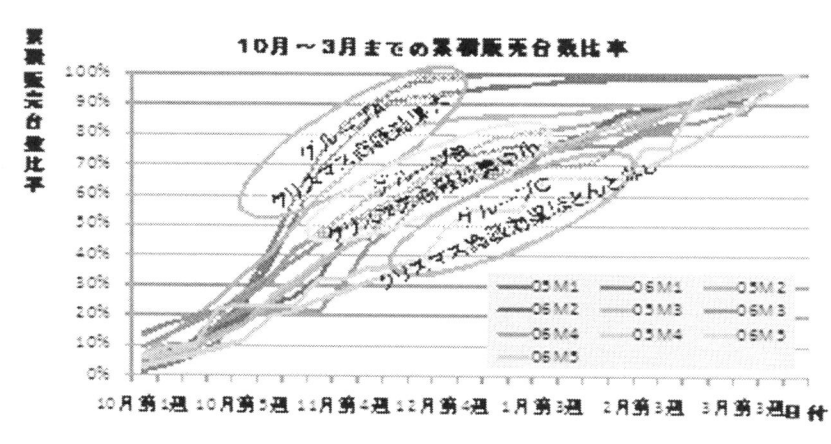

図5-16　研究協力メーカー製品シリーズの累積販売台数比率

　研究協力メーカーの商品特性を季節変動でグルーピングすることができる。表5-10は、同期間の相関係数を算出し、相関係数の高い順に並べた表である。各製品は11月、12月のクリスマス商戦期の季節変動量に従って分類することは可能である。それぞれクリスマス商戦の効果大となるグループA、クリスマス商戦期に関係なく常に安定した数量が販売されるグループC及びその中間位置するBグループに分けることができる。

　研究協力メーカー製品の複雑な販売特性において、改良係数予測法で係数を変更させながら、販売予測を行う。

表 5-10　研究協力メーカー製品の各グループの相関表

		グループA			グループB				グループC		
		05M1	06M1	05M3	05M2	06M2	06M3	06M4	05M4	05M5	06M5
グループA	05M1	1	0.997	0.984	0.963	0.937	0.9	0.916	0.921	0.807	0.78
	06M1	0.997	1	0.992	0.947	0.913	0.923	0.937	0.943	0.837	0.813
	05M3	0.984	0.992	1	0.985	0.963	0.937	0.965	0.968	0.888	0.866
グループB	05M2	0.963	0.947	0.985	1	0.989	0.955	0.993	0.993	0.945	0.931
	06M2	0.937	0.913	0.963	0.989	1	0.987	0.99	0.986	0.947	0.942
	06M3	0.9	0.923	0.937	0.955	0.987	1	0.995	0.992	0.974	0.971
	06M4	0.916	0.937	0.965	0.993	0.99	0.995	1	0.996	0.969	0.961
グループC	05M4	0.921	0.943	0.968	0.993	0.986	0.992	0.996	1	0.955	0.95
	05M5	0.807	0.837	0.888	0.945	0.947	0.974	0.969	0.955	1	0.992
	06M5	0.78	0.813	0.866	0.931	0.942	0.971	0.961	0.95	0.992	1

改良係数予測法において、係数表の作成により、係数パラメータの決定は重要である。係数表の横軸は予測先週を表す、縦軸は予測の基準週を表す。たとえば、10月第3週の時点を予測基準として、7週間先までの累積販売数の予測を行うには、10月第3週の行の4週先の列を利用する。表5－11では、係数値は7.5となっている。つまり、7週間後に累積販売台数は、10月第1週から第3週までの累積販売台数の7.5倍となる。

　係数誤差表は、係数表を用いた各モデルの予測値と実績値との誤差の平均を取っている。これはシステム内では、予測のリスク値として利用する。例えば、先の表5－11から求めた4.5倍という予測値は表5－12の10月第3週先の値が37%であることから、グループ内での平均誤差が±37%であることを示している。表5－13と表5－14はそれぞれ上記Bグループ製品の係数表と係数誤差表である。表5－15と表5－16は前述Cグループ製品の係数表と係数誤差表を示す。その見方は表5－11と表5－12のそれぞれの見方と同じである。

第5章 GCMシステムの構成

表 5-11 研究協力メーカーグループA製品係数表

グループA	1週先	2週先	3週先	4週先	5週先	6週先	7週先	8週先	9週先	10週先	11週先	12週先
10月第1週	1.4	2.6	4.0	5.6	8.4	11.6	15.3	17.2	19.1	20.5	20.7	20.9
10月第2週	1.8	2.8	4.0	5.9	8.1	10.6	12.0	13.2	14.2	14.4	14.5	14.7
10月第3週	1.5	2.2	3.3	4.5	6.0	6.7	7.5	8.0	8.1	8.2	8.3	8.4
10月第4週	1.4	2.2	3.0	3.9	4.4	4.9	5.2	5.3	5.4	5.5	5.5	5.5
10月第5週	1.5	2.1	2.7	3.1	3.4	3.6	3.7	3.7	3.8	3.8	3.8	3.8
11月第1週	1.4	1.8	2.1	2.3	2.4	2.5	2.5	2.5	2.6	2.6	2.6	2.6
11月第2週	1.3	1.5	1.6	1.8	1.8	1.8	1.8	1.8	1.8	1.9	1.9	1.9
11月第3週	1.1	1.2	1.3	1.4	1.4	1.4	1.4	1.4	1.4	1.4	1.4	1.4
11月第4週	1.1	1.2	1.2	1.2	1.2	1.2	1.2	1.2	1.3	1.3	1.3	1.3
12月第1週	1.0	1.1	1.1	1.1	1.1	1.1	1.1	1.1	1.1	1.1	1.2	1.2
12月第2週	1.0	1.0	1.1	1.1	1.1	1.1	1.1	1.1	1.1	1.1	1.1	1.1
12月第3週	1.0	1.0	1.0	1.0	1.0	1.1	1.1	1.1	1.1	1.1	1.1	1.1
12月第4週	1.0	1.0	1.0	1.0	1.0	1.0	1.0	1.0	1.1	1.1	1.1	1.1
1月第1週	1.0	1.0	1.0	1.0	1.0	1.0	1.0	1.0	1.0	1.0	1.0	1.1
1月第2週	1.0	1.0	1.0	1.0	1.0	1.0	1.0	1.0	1.0	1.0	1.0	1.0
1月第3週	1.0	1.0	1.0	1.0	1.0	1.0	1.0	1.0	1.0	1.0	1.0	0.0
1月第4週	1.0	1.0	1.0	1.0	1.0	1.0	1.0	1.0	1.0	1.0	0.0	0.0
1月第5週	1.0	1.0	1.0	1.0	1.0	1.0	1.0	1.0	1.0	0.0	0.0	0.0
2月第1週	1.0	1.0	1.0	1.0	1.0	1.0	1.0	1.0	0.0	0.0	0.0	0.0
2月第2週	1.0	1.0	1.0	1.0	1.0	1.0	1.0	0.0	0.0	0.0	0.0	0.0
2月第3週	1.0	1.0	1.0	1.0	1.0	1.0	0.0	0.0	0.0	0.0	0.0	0.0
2月第4週	1.0	1.0	1.0	1.0	1.0	0.0	0.0	0.0	0.0	0.0	0.0	0.0
3月第1週	1.0	1.0	1.0	1.0	0.0	0.0	0.0	0.0	0.0	0.0	0.0	0.0
3月第2週	1.0	1.0	1.0	0.0	0.0	0.0	0.0	0.0	0.0	0.0	0.0	0.0
3月第3週	1.0	1.0	0.0	0.0	0.0	0.0	0.0	0.0	0.0	0.0	0.0	0.0
3月第4週	1.0	0.0	0.0	0.0	0.0	0.0	0.0	0.0	0.0	0.0	0.0	0.0

表 5-12 研究協力メーカーグループA製品係数誤差表

グループA	1週先	2週先	3週先	4週先	5週先	6週先	7週先	8週先	9週先	10週先	11週先	12週先
10月第1週	30%	19%	18%	40%	43%	46%	45%	46%	44%	43%	44%	44%
10月第2週	18%	28%	37%	45%	50%	52%	53%	52%	51%	51%	51%	51%
10月第3週	10%	27%	33%	37%	38%	38%	37%	36%	37%	36%	36%	36%
10月第4週	23%	26%	30%	30%	31%	29%	28%	29%	29%	29%	29%	28%
10月第5週	9%	13%	16%	17%	17%	16%	16%	16%	16%	16%	16%	16%
11月第1週	5%	7%	8%	8%	7%	7%	7%	7%	7%	7%	8%	8%
11月第2週	5%	5%	6%	6%	5%	5%	5%	5%	6%	6%	6%	6%
11月第3週	1%	2%	2%	1%	1%	1%	1%	2%	2%	2%	3%	3%
11月第4週	2%	3%	2%	2%	2%	2%	3%	3%	3%	3%	4%	4%
12月第1週	1%	1%	1%	1%	1%	1%	1%	1%	2%	2%	2%	2%
12月第2週	1%	1%	1%	0%	0%	0%	1%	1%	1%	1%	1%	2%
12月第3週	0%	0%	1%	1%	1%	2%	2%	2%	2%	2%	3%	3%
12月第4週	0%	1%	1%	1%	2%	2%	2%	2%	2%	3%	3%	3%
1月第1週	0%	1%	1%	1%	2%	2%	2%	2%	3%	3%	3%	3%
1月第2週	0%	1%	1%	1%	1%	2%	2%	2%	3%	3%	3%	4%
1月第3週	0%	1%	1%	1%	1%	1%	2%	2%	2%	4%	4%	4%
1月第4週	0%	0%	1%	1%	1%	2%	2%	3%	3%	3%	3%	3%
1月第5週	0%	0%	1%	1%	1%	2%	3%	3%	4%	4%	4%	4%
2月第1週	0%	1%	1%	1%	1%	2%	3%	4%	4%	4%	3%	3%
2月第2週	0%	1%	1%	1%	2%	2%	3%	3%	0%	0%	0%	0%
2月第3週	0%	1%	1%	2%	2%	3%	0%	0%	0%	0%	0%	0%
2月第4週	0%	1%	2%	2%	3%	0%	0%	0%	0%	0%	0%	0%
3月第1週	1%	1%	2%	2%	0%	0%	0%	0%	0%	0%	0%	0%
3月第2週	1%	1%	2%	0%	0%	0%	0%	0%	0%	0%	0%	0%
3月第3週	0%	1%	0%	0%	0%	0%	0%	0%	0%	0%	0%	0%
3月第4週	1%	0%	0%	0%	0%	0%	0%	0%	0%	0%	0%	0%

第5章　GCMシステムの構成

表 5-13　研究協力メーカーグループB製品係数表

グループB	1週先	2週先	3週先	4週先	5週先	6週先	7週先	8週先	9週先	10週先	11週先	12週先
10月第1週	1.6	2.6	3.9	5.0	6.3	7.8	9.2	10.6	11.7	13.1	14.2	15.2
10月第2週	1.7	2.6	3.3	4.2	5.2	6.1	7.0	7.8	8.7	9.4	10.1	10.4
10月第3週	1.6	2.0	2.5	3.2	3.7	4.3	4.7	5.3	5.7	6.1	6.3	6.5
10月第4週	1.3	1.6	2.0	2.3	2.7	3.0	3.3	3.6	3.8	3.9	4.1	4.2
10月第5週	1.2	1.5	1.8	2.1	2.3	2.5	2.8	3.0	3.0	3.2	3.3	3.3
11月第1週	1.2	1.5	1.7	1.9	2.1	2.2	2.4	2.5	2.6	2.6	2.7	2.7
11月第2週	1.2	1.3	1.5	1.7	1.8	1.9	2.0	2.1	2.1	2.2	2.2	2.3
11月第3週	1.1	1.3	1.4	1.5	1.6	1.7	1.7	1.8	1.8	1.9	1.9	2.0
11月第4週	1.1	1.2	1.3	1.4	1.5	1.5	1.6	1.6	1.6	1.7	1.7	1.8
12月第1週	1.1	1.2	1.3	1.3	1.4	1.4	1.5	1.5	1.5	1.6	1.6	1.7
12月第2週	1.1	1.1	1.2	1.2	1.3	1.3	1.3	1.4	1.4	1.4	1.5	1.5
12月第3週	1.1	1.1	1.1	1.2	1.2	1.2	1.3	1.3	1.3	1.4	1.4	1.4
1月第1週	1.0	1.1	1.1	1.1	1.1	1.2	1.2	1.2	1.3	1.3	1.3	1.3
1月第2週	1.0	1.1	1.1	1.1	1.1	1.2	1.2	1.2	1.2	1.3	1.3	0.0
1月第3週	1.0	1.0	1.1	1.1	1.1	1.2	1.2	1.2	1.2	0.0	0.0	0.0
1月第4週	1.0	1.0	1.1	1.1	1.1	1.2	1.2	1.2	0.0	0.0	0.0	0.0
1月第5週	1.0	1.0	1.1	1.1	1.1	1.2	1.2	0.0	0.0	0.0	0.0	0.0
2月第1週	1.0	1.0	1.1	1.1	1.1	1.2	0.0	0.0	0.0	0.0	0.0	0.0
2月第2週	1.0	1.0	1.1	1.1	1.1	0.0	0.0	0.0	0.0	0.0	0.0	0.0
2月第3週	1.0	1.0	1.1	1.1	0.0	0.0	0.0	0.0	0.0	0.0	0.0	0.0
2月第4週	1.0	1.0	1.1	0.0	0.0	0.0	0.0	0.0	0.0	0.0	0.0	0.0
3月第1週	1.0	1.1	0.0	0.0	0.0	0.0	0.0	0.0	0.0	0.0	0.0	0.0
3月第2週	1.0	0.0	0.0	0.0	0.0	0.0	0.0	0.0	0.0	0.0	0.0	0.0
3月第3週	1.0	0.0	0.0	0.0	0.0	0.0	0.0	0.0	0.0	0.0	0.0	0.0
3月第4週	1.0	0.0	0.0	0.0	0.0	0.0	0.0	0.0	0.0	0.0	0.0	0.0

表 5-14　研究協力メーカーグループB製品係数誤差表

グループB	1週先	2週先	3週先	4週先	5週先	6週先	7週先	8週先	9週先	10週先	11週先	12週先
10月第1週	24%	50%	72%	77%	73%	73%	74%	72%	73%	71%	70%	71%
10月第2週	27%	48%	53%	49%	50%	50%	48%	49%	47%	46%	47%	46%
10月第3週	20%	25%	23%	23%	24%	23%	23%	24%	24%	24%	25%	25%
10月第4週	6%	7%	8%	11%	13%	12%	18%	18%	19%	20%	20%	21%
10月第5週	12%	12%	15%	18%	16%	22%	23%	24%	25%	24%	25%	26%
11月第1週	5%	4%	8%	5%	13%	14%	15%	16%	15%	16%	16%	17%
11月第2週	4%	12%	9%	16%	16%	18%	19%	18%	18%	19%	20%	20%
11月第3週	8%	11%	13%	13%	15%	18%	14%	15%	15%	16%	17%	19%
11月第4週	4%	6%	7%	8%	9%	8%	9%	10%	10%	11%	13%	12%
12月第1週	8%	8%	10%	11%	10%	10%	11%	12%	13%	14%	14%	14%
12月第2週	2%	3%	3%	2%	4%	5%	6%	6%	7%	7%	8%	9%
12月第3週	4%	3%	2%	2%	3%	4%	4%	6%	5%	6%	7%	7%
12月第4週	2%	2%	4%	5%	6%	6%	7%	6%	8%	8%	9%	9%
1月第1週	2%	2%	3%	4%	4%	5%	5%	7%	7%	7%	7%	7%
1月第2週	1%	3%	4%	4%	6%	5%	6%	5%	5%	6%	8%	9%
1月第3週	2%	2%	2%	4%	4%	5%	5%	5%	5%	6%	7%	7%
1月第4週	1%	2%	4%	3%	4%	4%	4%	4%	5%	6%	0%	0%
1月第5週	1%	3%	2%	3%	4%	3%	4%	4%	5%	0%	0%	0%
2月第1週	3%	2%	3%	3%	3%	3%	4%	4%	0%	0%	0%	0%
2月第2週	1%	2%	3%	3%	4%	3%	0%	5%	0%	0%	0%	0%
2月第3週	1%	2%	3%	4%	3%	4%	0%	0%	0%	0%	0%	0%
2月第4週	1%	2%	2%	2%	3%	0%	0%	0%	0%	0%	0%	0%
3月第1週	2%	1%	2%	2%	0%	0%	0%	0%	0%	0%	0%	0%
3月第2週	1%	3%	3%	0%	0%	0%	0%	0%	0%	0%	0%	0%
3月第3週	2%	3%	0%	0%	0%	0%	0%	0%	0%	0%	0%	0%
3月第4週	1%	0%	0%	0%	0%	0%	0%	0%	0%	0%	0%	0%

第5章　GCMシステムの構成

表5-15　研究協力メーカーグループC製品係数表

グループC	1週先	2週先	3週先	4週先	5週先	6週先	7週先	8週先	9週先	10週先	11週先	12週先
10月第1週	1.2	1.6	1.9	2.2	2.7	3.1	3.4	3.7	4.0	4.2	4.7	4.9
10月第2週	1.3	1.6	2.0	2.6	2.9	3.3	3.6	3.9	4.1	4.6	4.8	5.1
10月第3週	1.2	1.5	1.9	2.2	2.5	2.7	2.9	3.1	3.5	3.6	3.8	4.0
10月第4週	1.2	1.6	1.8	2.0	2.2	2.4	2.9	2.9	3.0	3.2	3.4	3.6
10月第5週	1.3	1.5	1.7	1.9	2.0	2.2	2.4	2.5	2.7	2.9	3.0	3.2
11月第1週	1.1	1.3	1.4	1.6	1.7	1.9	2.0	2.1	2.2	2.4	2.5	2.7
11月第2週	1.1	1.2	1.4	1.5	1.6	1.7	1.8	2.0	2.1	2.2	2.4	2.5
11月第3週	1.1	1.2	1.3	1.4	1.5	1.6	1.7	1.8	1.9	2.0	2.2	2.4
11月第4週	1.1	1.2	1.3	1.4	1.4	1.5	1.6	1.7	1.8	2.0	2.1	2.3
12月第1週	1.1	1.2	1.3	1.3	1.4	1.5	1.6	1.7	1.8	1.9	2.1	2.2
12月第2週	1.1	1.2	1.2	1.3	1.4	1.5	1.6	1.7	1.8	1.9	2.0	2.2
12月第3週	1.1	1.2	1.2	1.3	1.4	1.4	1.5	1.7	1.8	1.9	2.0	2.1
12月第4週	1.1	1.1	1.2	1.3	1.4	1.5	1.6	1.7	1.8	1.9	2.0	2.1
1月第1週	1.1	1.1	1.2	1.3	1.4	1.5	1.6	1.7	1.8	1.9	2.0	2.1
1月第2週	1.1	1.1	1.2	1.3	1.4	1.5	1.6	1.7	1.8	1.9	2.0	2.1
1月第3週	1.1	1.1	1.2	1.3	1.4	1.5	1.6	1.7	1.8	1.9	2.0	0.0
1月第4週	1.1	1.1	1.2	1.3	1.4	1.5	1.6	1.7	1.8	1.9	0.0	0.0
1月第5週	1.1	1.1	1.2	1.3	1.4	1.5	1.6	1.7	1.8	0.0	0.0	0.0
2月第1週	1.1	1.2	1.2	1.3	1.4	1.5	1.5	1.7	0.0	0.0	0.0	0.0
2月第2週	1.1	1.2	1.2	1.3	1.3	1.4	1.5	0.0	0.0	0.0	0.0	0.0
2月第3週	1.1	1.1	1.2	1.3	1.3	1.5	0.0	0.0	0.0	0.0	0.0	0.0
2月第4週	1.1	1.1	1.2	1.3	1.3	0.0	0.0	0.0	0.0	0.0	0.0	0.0
3月第1週	1.1	1.1	1.2	1.2	0.0	0.0	0.0	0.0	0.0	0.0	0.0	0.0
3月第2週	1.1	1.1	1.2	0.0	0.0	0.0	0.0	0.0	0.0	0.0	0.0	0.0
3月第3週	1.0	1.1	0.0	0.0	0.0	0.0	0.0	0.0	0.0	0.0	0.0	0.0
3月第4週	1.1	0.0	0.0	0.0	0.0	0.0	0.0	0.0	0.0	0.0	0.0	0.0

表 5-16 研究協力メーカーグループC製品係数誤差表

グループC	1週先	2週先	3週先	4週先	5週先	6週先	7週先	8週先	9週先	10週先	11週先	12週先
10月第1週	31%	33%	45%	51%	77%	83%	87%	88%	92%	97%	96%	97%
10月第2週	8%	18%	22%	49%	55%	59%	59%	64%	69%	68%	69%	72%
10月第3週	23%	23%	47%	52%	57%	58%	62%	67%	66%	68%	71%	74%
10月第4週	11%	39%	46%	47%	49%	53%	58%	58%	58%	60%	64%	65%
10月第5週	28%	35%	37%	39%	43%	48%	47%	48%	50%	54%	55%	55%
11月第1週	6%	11%	10%	15%	19%	19%	21%	24%	27%	27%	29%	28%
11月第2週	8%	7%	10%	14%	14%	17%	20%	23%	22%	25%	23%	26%
11月第3週	3%	5%	10%	14%	14%	19%	16%	16%	18%	17%	20%	21%
11月第4週	4%	9%	10%	9%	10%	13%	16%	18%	17%	20%	21%	20%
12月第1週	5%	4%	6%	10%	12%	12%	14%	13%	15%	16%	16%	17%
12月第2週	1%	5%	8%	9%	8%	11%	9%	11%	12%	12%	13%	14%
12月第3週	5%	9%	9%	9%	8%	10%	12%	13%	13%	13%	14%	15%
12月第4週	4%	6%	6%	8%	12%	10%	11%	10%	8%	11%	13%	16%
1月第1週	3%	5%	5%	4%	7%	9%	8%	10%	7%	11%	12%	14%
1月第2週	2%	3%	1%	4%	8%	5%	7%	5%	7%	9%	10%	12%
1月第3週	4%	2%	4%	5%	4%	6%	6%	7%	9%	10%	11%	0%
1月第4週	2%	4%	7%	5%	5%	4%	6%	8%	9%	11%	0%	0%
1月第5週	3%	5%	4%	6%	7%	7%	8%	7%	11%	0%	0%	0%
2月第1週	2%	1%	3%	3%	4%	4%	6%	9%	0%	0%	0%	0%
2月第2週	1%	1%	4%	4%	4%	5%	8%	7%	0%	0%	0%	0%
2月第3週	2%	3%	4%	5%	5%	5%	6%	0%	0%	0%	0%	0%
2月第4週	4%	4%	4%	4%	6%	7%	0%	0%	0%	0%	0%	0%
3月第1週	2%	4%	5%	7%	5%	0%	0%	0%	0%	0%	0%	0%
3月第2週	1%	3%	5%	0%	0%	0%	0%	0%	0%	0%	0%	0%
3月第3週	2%	3%	0%	0%	0%	0%	0%	0%	0%	0%	0%	0%
3月第4週	2%	0%	0%	0%	0%	0%	0%	0%	0%	0%	0%	0%

第5章 GCMシステムの構成

　クリスマス商戦の季節変動の激しい研究協力メーカーグループ A 製品 DX 機種の予測結果は図5－17に示すとおりである。これは、10月2日を現在として、それまでの販売実績を用いて、今後の需要を予測している。図の中に、太い点線は、修正係数予測法による予測した週次販売台数を表したものである。その上下の点線は修正係数予測法の誤差を表している。その上下のブレをリスクとして取り扱う必要がある。生産と輸送の総リートタイムを5週間と初期設定し、5週間後、つまり右側の縦線の後に対して予測した結果の取組は有効である。

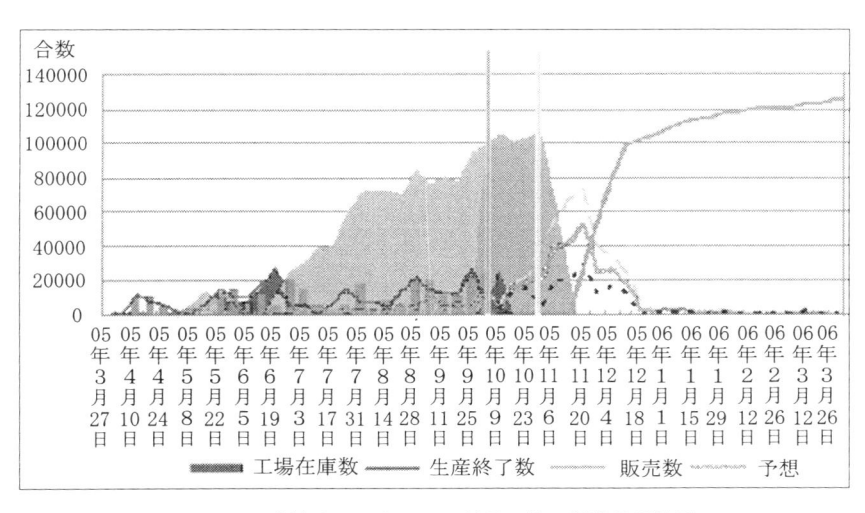

図5-17　研究協力メーカーＤＸ製品の修正係数予測結果

　季節変動は小さい研究協力メーカーグループＣ製品ＰＡ製品の予測結果は図5－18に示すように、最大誤差は10%前後である。

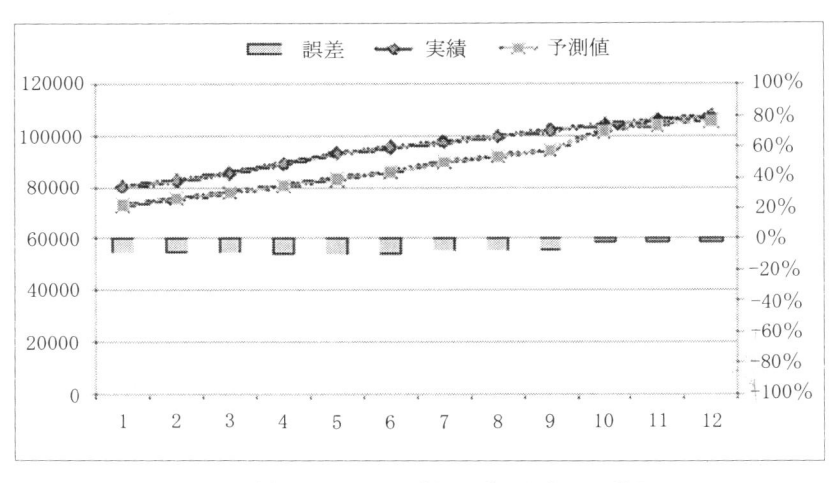

図5-18　研究協力メーカーPA製品の修正係数予測結果

　研究協力メーカーに各機種の販売データはそれぞれの相違する特徴があるため、GCMシステムを適用するには、既存の単一の予測手法だけでは、適用が難しい。本書では、研究協力メーカーに対して、修正係数予測法を利用して、係数を調整しながら、それぞれ機種グループに適用し、GCMのマネジメント部分をカスタマイズする。なお、GCMシステムは適用会社・対象商品の特性に合わせて、ダイナミックに予測アルゴリズムを選択して適用する。

5.2　輸送サブ・システム

5.2.1　研究協力メーカーから見る海上輸送の現状

　第1章で述べたように、原材料を輸入して、製品を輸出するという形態は日本の経済活動の中心である。図5-19に2002年データの国際物流における海上輸送は重量ベースで99％のシェアを示している。海上輸送は日本経済のパイプラインであることは古くから変わっていない。海上輸送物流の分野に

第5章　GCMシステムの構成

おいて、各海上ルートの最適配船は日本経済全体へ及す影響が大きい。

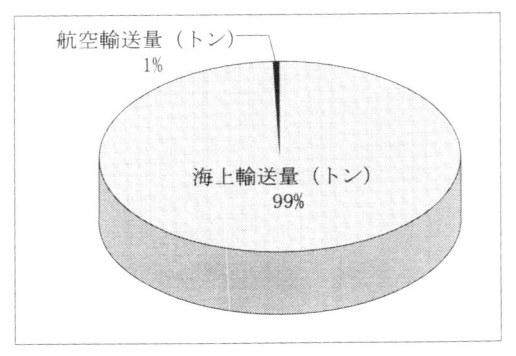

図5-19　2002年度海上・航空輸出量比率

　表5-17と表5-18は、海上輸入額と海上輸出額が年々増加傾向にあることを示している。特に2000年から2003年度にかけて中国との貿易は急激に増加していることにより、日本のコンテナによる輸入額は50%も増加し、輸出額も2割増加している。なお、コンテナによる輸出輸入データの合計を見ると、日本の世界貿易収支が黒字になっていることが分かる。

表5-17　海上コンテナ輸入額[1]

年	1990		2000		2003	
	海上コンテナ輸入額（万円）	シェア（%）	海上コンテナ輸入額（万円）	シェア（%）	海上コンテナ輸入額（万円）	シェア（%）
その他	6,671,774	63.1	6,500,094	43	6,652,861	38.9
ASEAN	962,560	9.1	2,292,643	15.2	2,562,907	15
NIEs3	2,061,729	19.5	1,757,893	11.6	1,499,781	8.8
中国	874,828	8.3	4,559,344	30.2	6,366,918	37.3
合計	10,570,892,253	100	15,109,975	100	17,082,469	100

表5-18 海上コンテナ輸出額

年	1990		2000		2003	
	海上コンテナ輸出額（百億円）	シェア（%）	海上コンテナ輸出額（百億円）	シェア（%）	海上コンテナ輸出額（百億円）	シェア（%）
その他	14,787,861	70.5	13,673,778	62.1	12,738,945	55.3
ASEAN	2,419,962	11.5	2,416,368	11	2,699,894	11.7
NIEs3	3,248,272	15.5	3,943,158	17.9	4,172,916	18.1
中国	514,108	2.5	1,968,731	8.9	3,431,675	14.9
合計	20,970,205	100	22,002,036	100	23,043,431	100

表5-19と表5-20は日本の航空貨物の輸出額と輸入額を示している。中国との貿易額の増加幅は大きい。航空輸送を見ても輸出額は輸入額を上回っているため、貿易収支額は黒字になっていることが分かる。

表5-19 航空貨物輸出額

年	1990年		2000年		2003年	
	航空貨物輸出額（万円）	シェア（%）	航空貨物輸出額（万円）	シェア（%）	航空貨物輸出額（万円）	シェア（%）
その他	4,528,969	67.7	9,343,127	52.1	7,370,401	42.7
ASEAN	724,278	10.8	3,317,731	18.5	2,888,378	16.7
NIEs3	1,393,283	20.8	4,505,084	25.1	4,913,282	28.5
中国	41,124	0.6	760,413	4.2	2,088,076	12.1
合計	6,687,655	100	17,926,356	100	17,260,139	100

表5-20 航空貨物輸額

	1990年		2000年		2003年	
	航空貨物輸入額（万円）	シェア（%）	航空貨物輸入額（万円）	シェア（%）	航空貨物輸入額（万円）	シェア（%）
その他	6,699,758	86.5	7,910,980	62.2	7,604,121	58
ASEAN	366,693	4.7	1,985,732	15.6	1,896,449	14.5
NIEs3	554,134	7.2	1,838,691	14.5	1,761,072	13.4
中国	123,275	1.6	973,055	7.7	1,839,039	14
合計	7,743,862,	100	12,708,459	100	13,100,683	100

第5章　GCMシステムの構成

　図5－20では、航空輸送金額輸送費用全体は43％近くを占めることが分かる。図5－19で示したように重量ベースで1％に過ぎないにも拘らず、その航空輸送の運賃コストが圧倒的に高いために、このような結果となってしまう。本書の対象となるグローバル企業の国際輸送において、航空輸送を減らすことによって輸送コストの削減の最も有効な手段となることはいうまでもない。

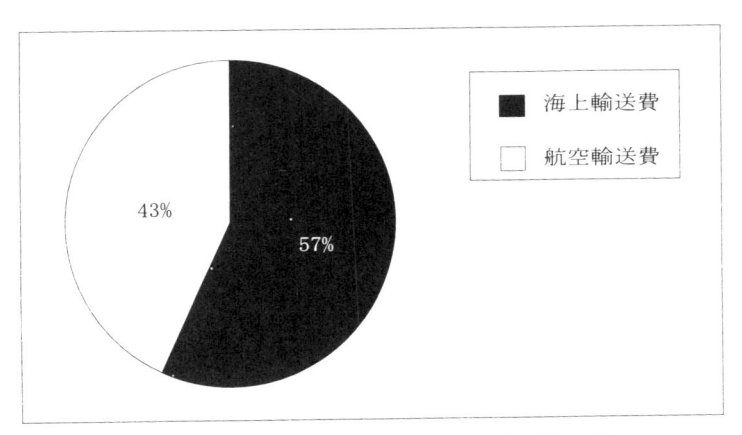

図5-20　航空輸送額と海上コンテナ輸送費の比較

　図5－21と図5－22は2006年度日本のコンテナ輸出と輸入量地域別に示している。大きな特徴は、日本のコンテナ輸送の多くはアジア地域内物流となっていることである。

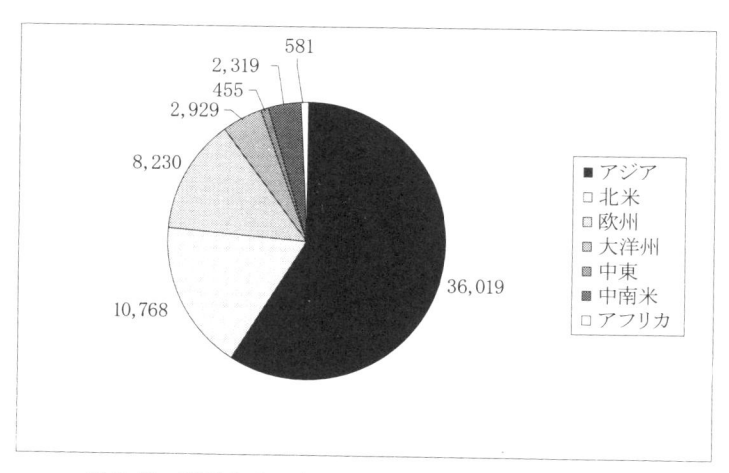

図5-21　2006年度日本コンテナの輸出量（単位：千TEU）

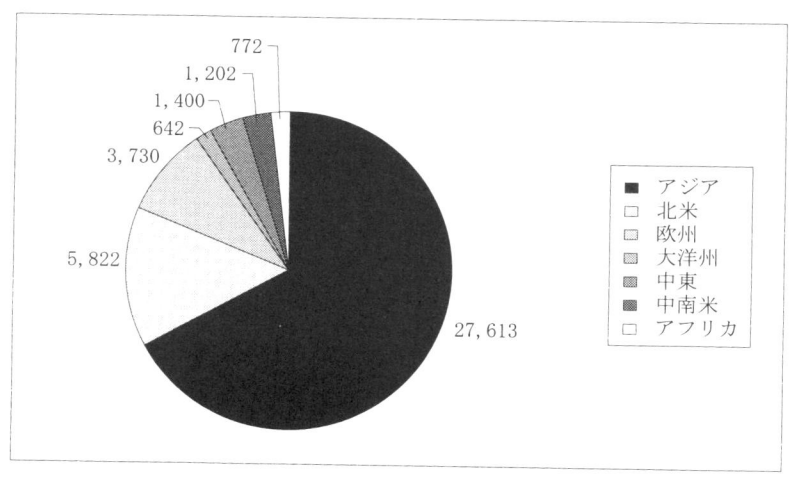

- アジア　36,019
- 北米　10,768
- 欧州　8,230
- 大洋州　2,929
- 中東　455
- 中南米　2,319
- アフリカ　581

図5-22　2006年度日本コンテナの輸入量（単位：千TEU）

- アジア　27,613
- 北米　5,822
- 欧州　3,730
- 大洋州　642
- 中東　1,400
- 中南米　1,202
- アフリカ　772

　アジア域内の物流または海上輸送スケジュールの最適化は大きな課題となっている。図5-23は2005年と2006年度の世界の港湾の年間取扱コンテナ量を示している。日本の港湾はトップ10に現れていない。これは、日本と世界貿易量の比率は相対的に低下していることも示しているが、ハブ港不在によ

りコンテナの港湾分散とアジア域内物流の海上輸送ルートが整備されていないことも意味している。

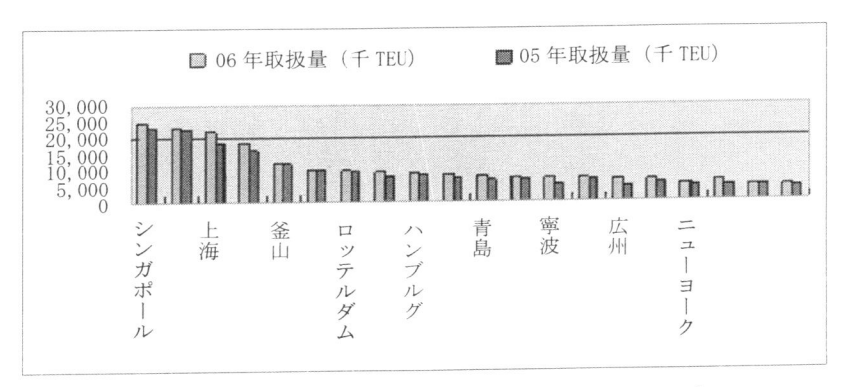

図5-23　世界港湾におけるコンテナ取扱量ランキング

　本書のGCMシステムは荷主視点でグローバル企業経営を主目的としているが、国際海上輸送ネットワークの現状とそれに沿った企業独自の輸送ネットワークの構築は企業物流コストと全体収益に直接影響を与えるため、GCMのサブ・システムとして不可欠である。

　なお、研究協力メーカー製品のあるモデルのパレット積みとコンテナ輸送配置を図5－24、図5－25に示す。1パレットは12個の製品を積むことが可能であり、20フィートのコンテナに5パレット、40フィートのコンテナに10パレットを荷積出来る。製品モデルのサイズによって配置個数は多少変動する。

PALLET STACKING :

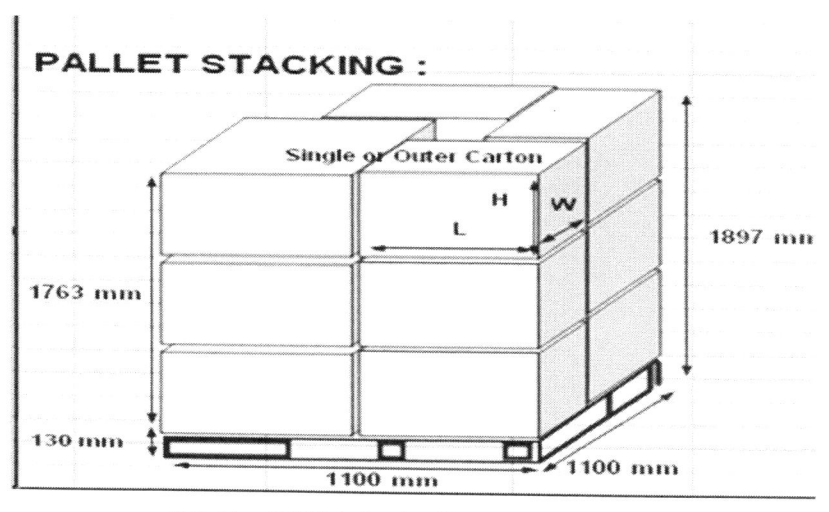

1763 mm
1897 mm
130 mm
1100 mm
1100 mm
Single or Outer Carton
H W L

図5-24　研究協力メーカー製品のパレット配置図

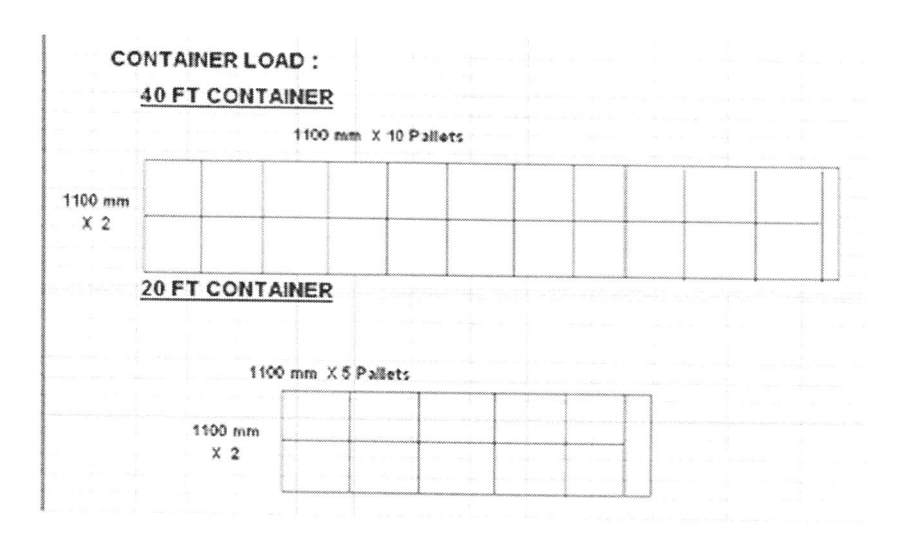

CONTAINER LOAD :

40 FT CONTAINER

1100 mm X 10 Pallets

1100 mm X 2

20 FT CONTAINER

1100 mm X 5 Pallets

1100 mm X 2

図5-25　研究協力メーカー製品コンテナロード図

第 5 章　GCMシステムの構成

　研究協力メーカーの海上輸送の現状として、貨物量と金額を図 5 － 26、図 5 － 27に示す。グラフで示すように、クリスマス商戦と年末・年初対応のため、その中10月の輸送量と金額はおよそ18,000トン、48億円に上る。輸送パッケージによる物流改善は企業経営コストの削減、販売機会損失の低減による利益増大のために、重要かつ不可欠である。

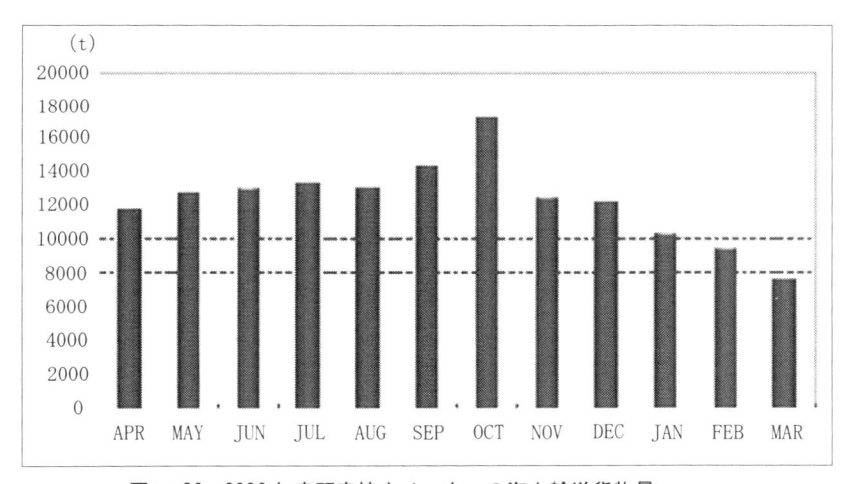

図 5-26　2006年度研究協力メーカーの海上輸送貨物量

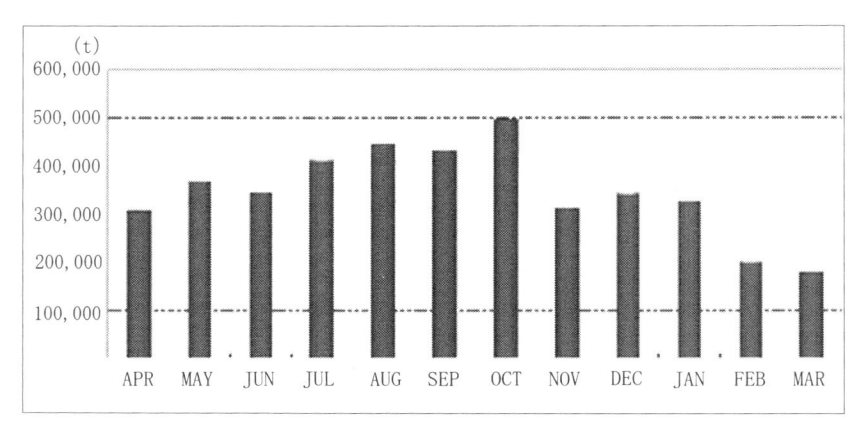

図5-27　2006年度研究協力メーカーの支払い海上運賃

　図5-28、図5-29は研究協力メーカーと契約しているフォワーダーによって輸送される貨物量とフォワーダーへ支払う運賃である。複数のフォワーダーにアウトソースして、リスク分散と地域分けを図っていることが分かる。

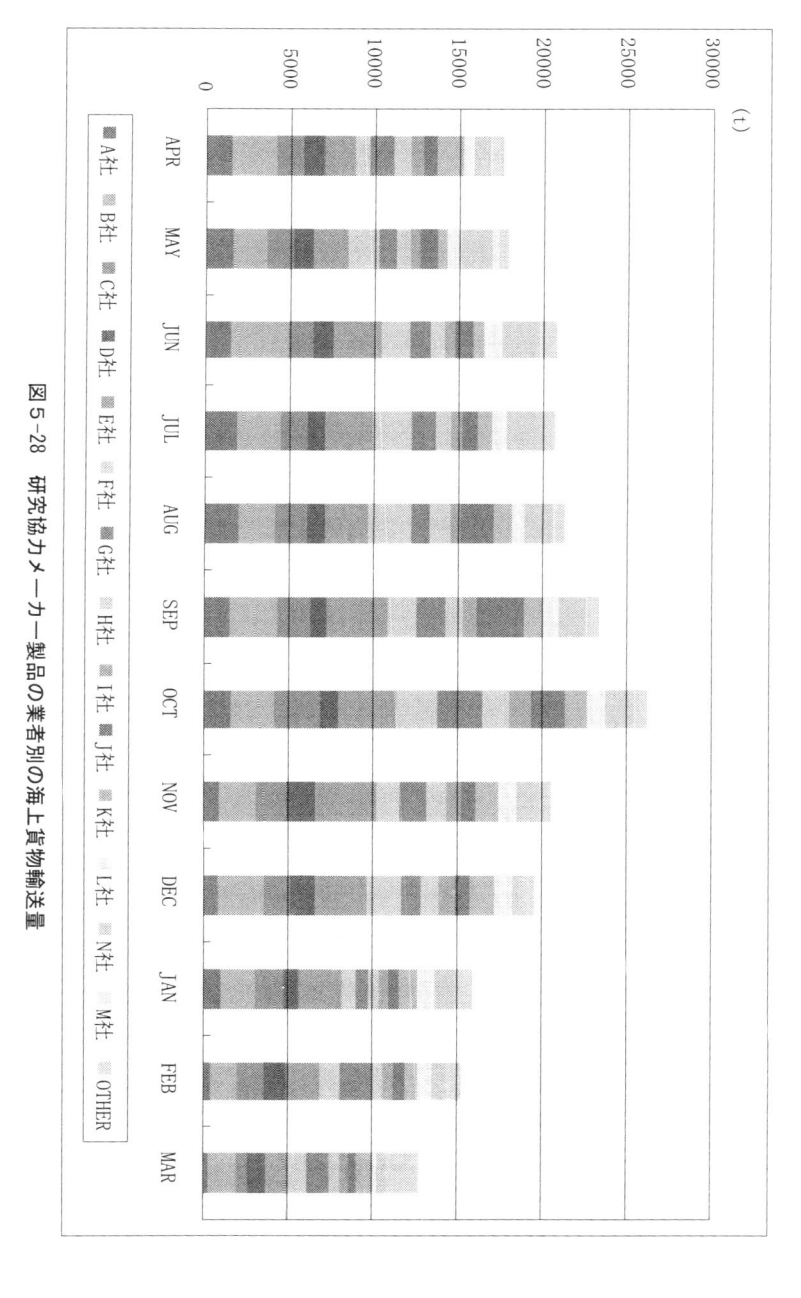

第5章 GCMシステムの構成

図5-28 研究協力メーカー製品の業者別の海上貨物輸送量

図5-29 研究協力メーカー製品の業者別の支払い海上運賃

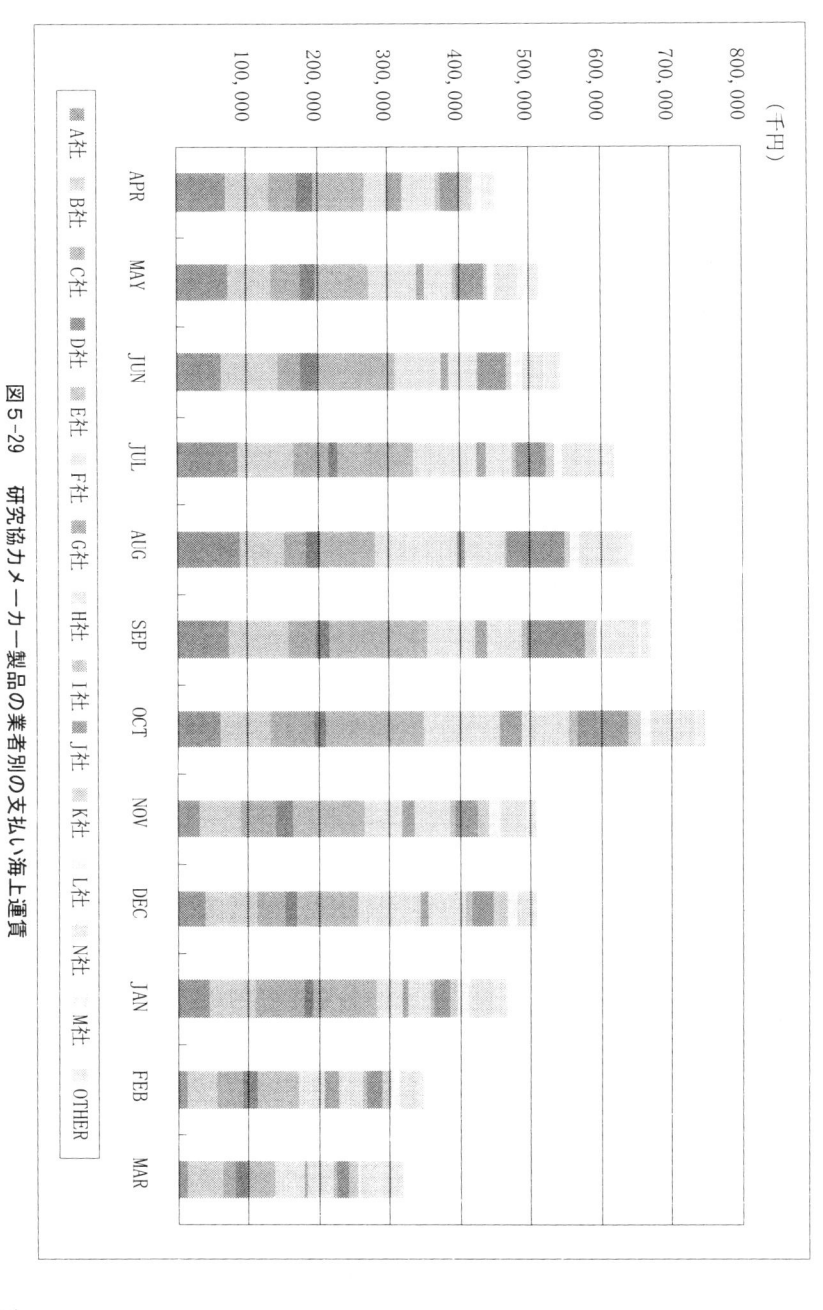

共同研究の協力メーカーの状況だけではなく、輸送コストの削減はあらゆるグローバル企業経営において、重要なキーポイントである。GCMシステムの直接の目的は、いかに企業経営のトータルコストの削減を行うべきか、またはいかに全社の収益を増大させるのかである。俯瞰的な観点から見ることにより、輸送コストを増大させても、生産コストと在庫コストを低減させて、トータルコストの削減を果たすことがあり、またその逆もあり得る。

5.2.2　輸送パッケージのアーキテクチャ

本書に利用する海上輸送コンテナ定期船情報のデータベースはFile Makerというソフトウェアのフォーマット形式となっている。それをCSV形式ファイルに変換して、リレーションデータベースへインポートする必要がある。変換する前に、GCMの輸送パッケージの目的に応じて、データベースのテーブルとリレーション関係を簡易設計する。

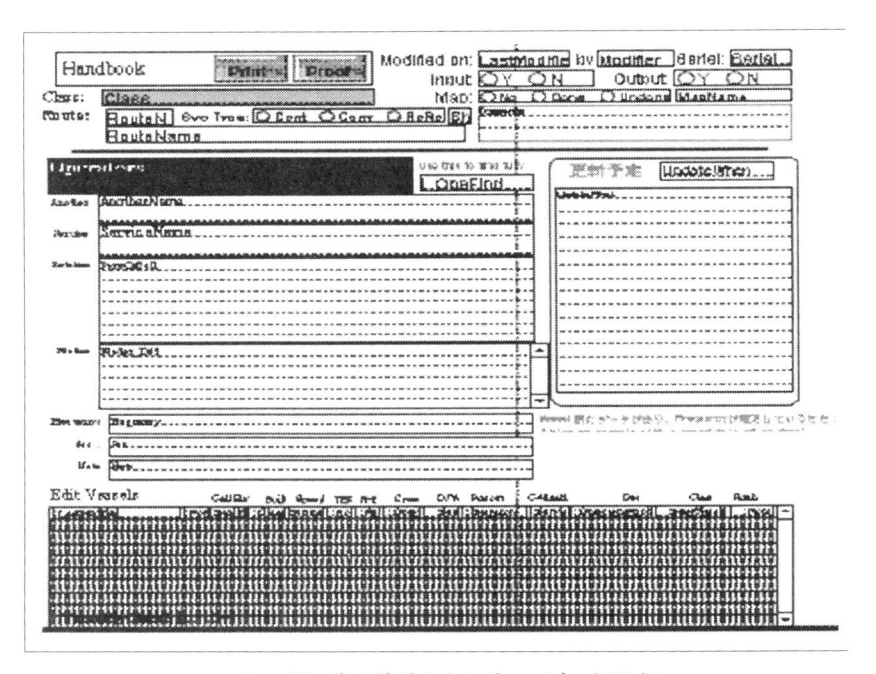

図5-30　海上輸送のオリジナルデータ形式1

図5-31　海上輸送のオリジナルデータ形式2

　図5-30、図5-31で示したオリジナルデータ形式は、Java言語から直接アクセス出来ないため、リレーション型データベースへの変換を行う必要がある。輸送パッケージでは、アクセスに必要とするリソースを抑えるため、

第5章 GCMシステムの構成

データベースは4つのテーブルに分けて構成されている。図5-32、図5-33、図5-34、図5-35は海上輸送パッケージのデータベーステーブルの詳細構成を示している。

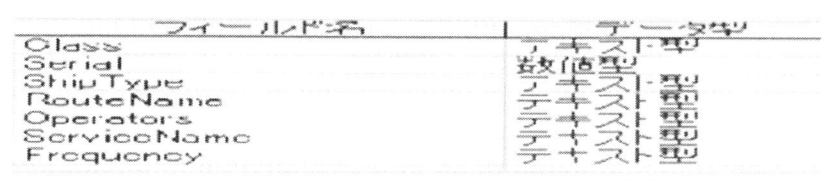

フィールド名	データ型
Class	テキスト型
Serial	数値型
ShipType	テキスト型
RouteName	テキスト型
Operators	テキスト型
ServiceName	テキスト型
Frequency	テキスト型

図5-32　handbook テーブルのフィールド構成

フィールド名	データ型
Serial	数値型
PortsOfCall	テキスト型
Feeder0	テキスト型
Port0	テキスト型
Arrival0	テキスト型
Departure0	テキスト型
Day0	テキスト型
Feeder1	テキスト型
Port1	テキスト型
Arrival1	テキスト型
Departure1	テキスト型
Day1	テキスト型
Feeder2	テキスト型
Port2	テキスト型
Arrival2	テキスト型
Departure2	テキスト型
Day2	テキスト型
Feeder3	テキスト型
Port3	テキスト型
Arrival3	テキスト型
Departure3	テキスト型

図5-33　schedule テーブルのフィールド構成

フィールド名	データ型
Class	テキスト型
Serial	数値型
FeederNo	テキスト型
FeederPort0	テキスト型
FeederPort1	テキスト型
FeederPort2	テキスト型
FeederPort3	テキスト型
FeederPort4	テキスト型
FeederPort5	テキスト型
FeederPort6	テキスト型
FeederPort7	テキスト型
FeederPort8	テキスト型
FeederPort9	テキスト型
FeederPort10	テキスト型

図5-34　feeder テーブルのフィールド構成

フィールド名	データ型
Class	テキスト型
Serial	数値型
VN_True	テキスト型
Flag	テキスト型
Built	数値型
Speed	数値型
TEU	数値型
DW	数値型
Ope	テキスト型
ShipType	テキスト型

図5-35　Shiplistテーブルのフィールド構成

図5-36で示すようにテーブル handbook のフィールド Serial を通じて、4つのテーブルのリレーションを行っている。

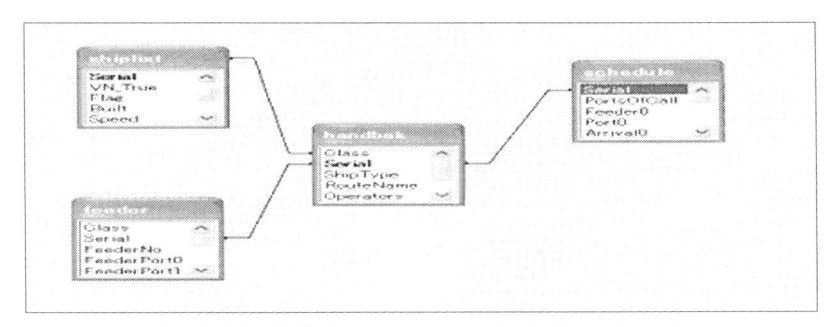

図5-36　海上輸送パッケージにおけるデータベースリレーション

図5-37は輸送パッケージの制御チャートを示している。まず、使用変数の初期化を行い、次に、データベースマネジャークラスで、JDBCを用いて前節で述べたデータベースへ接続し、アクセスが出来るように準備をする。GCMシステムでは、出発ポート情報と到着ポートをクライアントオブジェクトからメッセージとして受けて、まず出発ポートを含むルートを検索すると同時に、ポートがルート内の順番を記憶する。次に、先に検索した出発ポートを含む多くのルートから、到着ポートを含むルートの2次検索を行うと共に、そのルート内において到着ポートの順番が出発ポートの順番より大きいルートだけを出力する。最後に検索できたルートから必要日最小順でソーティングする。

第 5 章　GCM システムの構成

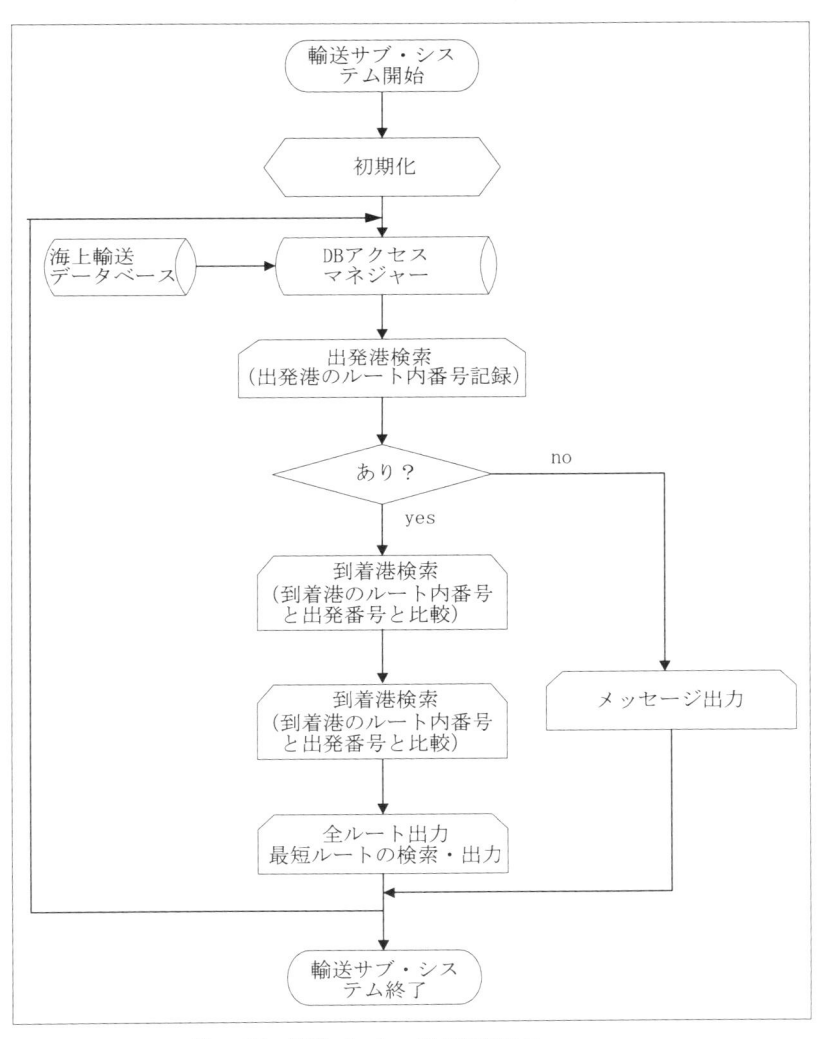

図 5-37　輸送パッケージの制御フロー

輸送パッケージはGCMの一部ではあるが、独立して最適輸送経路選択ソフトとしても利用可能である。図5−38と図5−39はそれぞれ出発ポートと目的ポートを入力する海上輸送検索画面である。

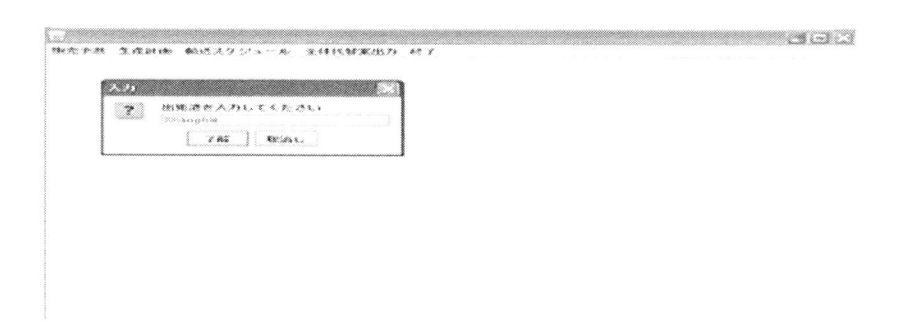

図5-38　輸送パッケージの出発港を入力する画面イメージ

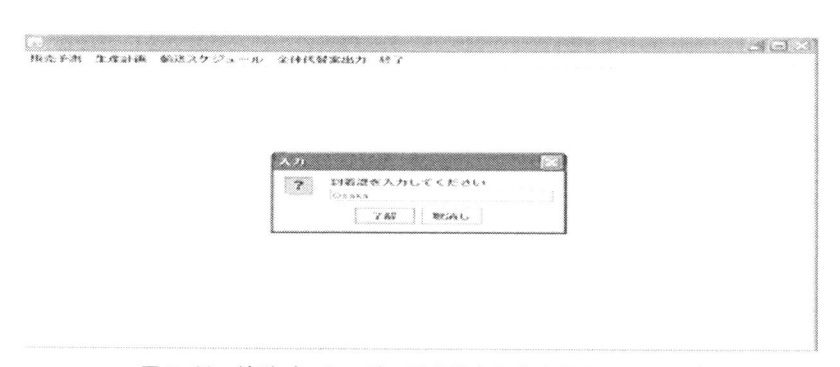

図5-39　輸送パッケージの目的港を入力する画面イメージ

　図5−40は検索結果のプロント画面を示している。ここで、30通りのルートあるが、海上運行時間最小のルートはシリアル180番の上海始発のルートであることを示している。

第5章　GCMシステムの構成

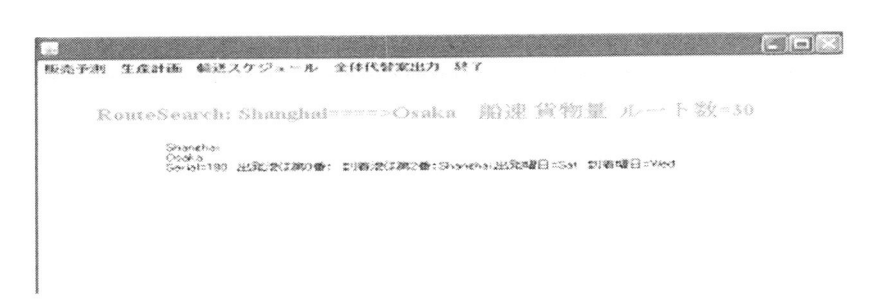

図5-40　輸送パッケージの検索結果イメージ

　GCMシステムにおいて、検索結果をデータベースに書き込むが、簡易検索結果を見やすくするため、同時にCSV形式ファイルにも出力している。表5－21は先の検索結果を示している。

表5-21　輸送パッケージを用いた海上輸送検索結果（一部）

シリアル	出発順番	出発曜日	到着順番	到着曜日
146	0	Fri	1	Mon
173	0	Sun	1	Tue
180	0	Sat	2	Wed
180	0	Sat	23	Tue
70	0	N	3	N
91	0	Sat	1	Mon
91	0	Sat	5	Tue
91	3	Sat	5	Tue
87	1	Tue	2	Thu
843	0	Fri	3	Mon
843	2	Sat	3	Mon
938	0	Fri	1	Mon

　GCMシステムにおいて、生産工場と販売会社に近い港湾名を輸送パッケ

ージに引数として引き渡し、週次単位で曜日に合わせて最も早く積荷出来るコンテナ船のルートと海運会社を選択出来る。研究協力メーカー製品A500を例として、HonkongからRotterdamへ輸送する場合の検索結果は表5－22に示す。

表5-22　研究協力メーカー製品A500の海上輸送検索結果

シリアル	出発順番	出発曜日	出発日数	到着順番	到着曜日	到着日数	必要な日数
122	3	Wed	4	9	Wed	32	28
156	3	Sun	4	7	Sat	25	21
174	0	Mon	0	6	Sat	26	26
187	5	Wed	4	9	Wed	26	22
213	3	Mon	3	6	Sun	23	20
217	4	Thu	5	8	Sun	29	24
75	4	Mon	5	9	Thu	30	25
353	4	Thu	4	7	Mon	23	19

　工場から出発港、到着港から販売会社までの複合輸送の一環としてのトラック輸送ルートの検索はGoogleマップAPIを利用して、Java Scriptで記述して輸送パッケージ内に取り組む。図5－41は研究協力メーカーの欧州販売会社への輸送検索結果である。到着港RotterdamからAmsterdamにある研究協力メーカーの欧州販売子会社への製品陸上トラック輸送はほぼ1時間で到着できることを示している。

第 5 章　GCM システムの構成

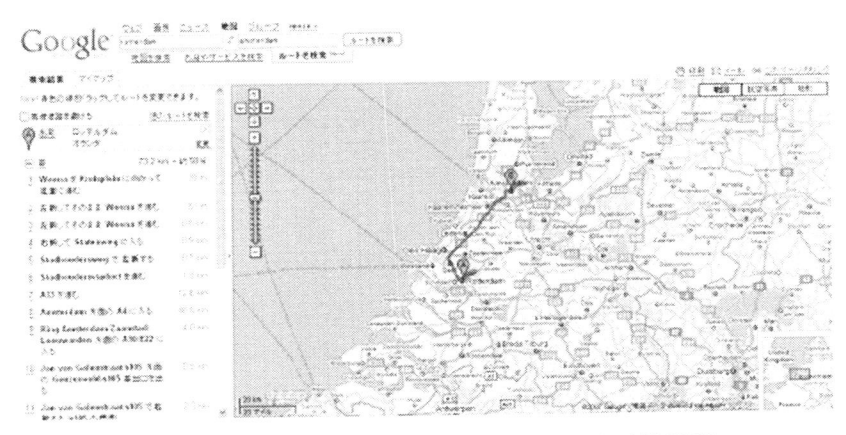

図 5-41　陸上輸送ルート検索結果（Google API 利用）

また、GCM システムを実装するアプリケーションサーバー上で、Google Earth パッケージをインストールすれば、システム内で自動的にこのコンポーネントの呼び出しへ切り替えて検索を行う。その実行結果例を図 5-42 に示す。

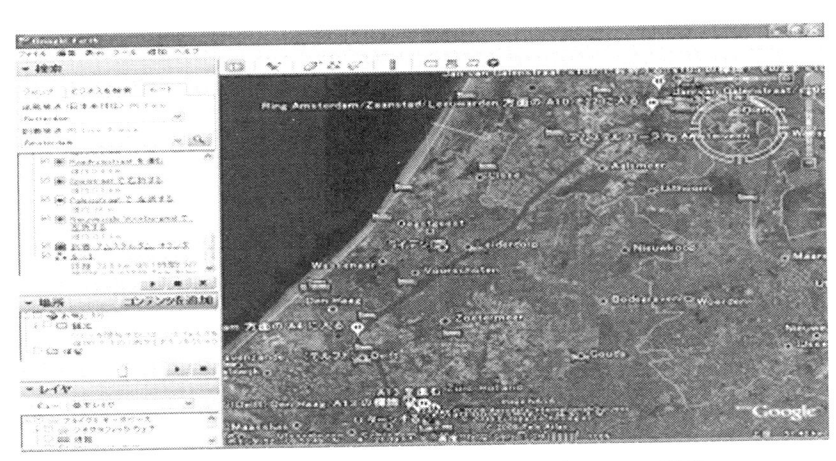

図 5-42　陸上輸送ルート検索結果（コンポーネント利用）

123

研究協力メーカーの工場は東南アジアと東アジアに配置されている。主な販売先は欧州、北米と日本である。図5-43は東アジア工場から欧州ハブ港への輸送現状と輸送パッケージで短縮日を示している。最大10日間の海上輸送リードタイム差も生じている。

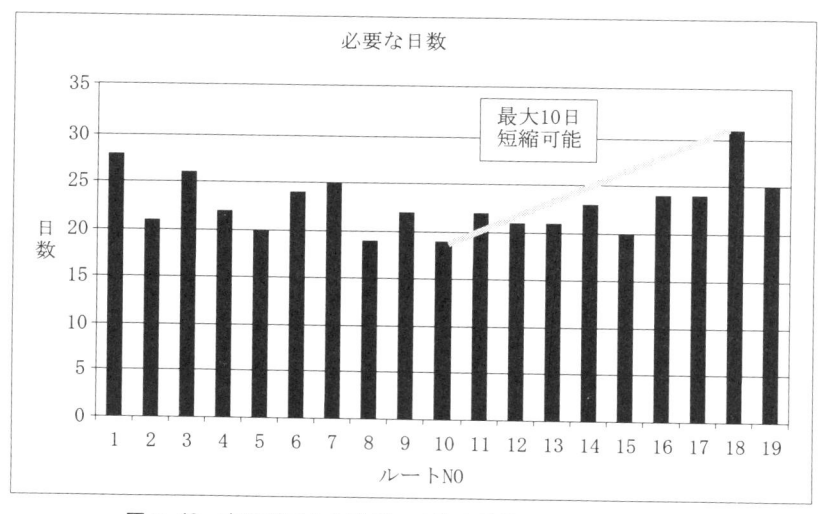

図5-43　東アジアから欧州への海上輸送リードタイムの短縮幅

5.3　生産サブ・システム

生産サブ・システムは需要予測の結果に従って、生産計画をマネジメントする。本書における生産計画は輸送リードタイムを考慮して製品の納期を厳守し、生産工場の生産能力に見合うように平準化することである。システムのオペレーション部では、製品または製品グループをエージェントとして、生産プロセス上での振る舞いを再現する。オペレーション部の生産サブ・システムの制御フローは図5-44に示している。

第5章　GCMシステムの構成

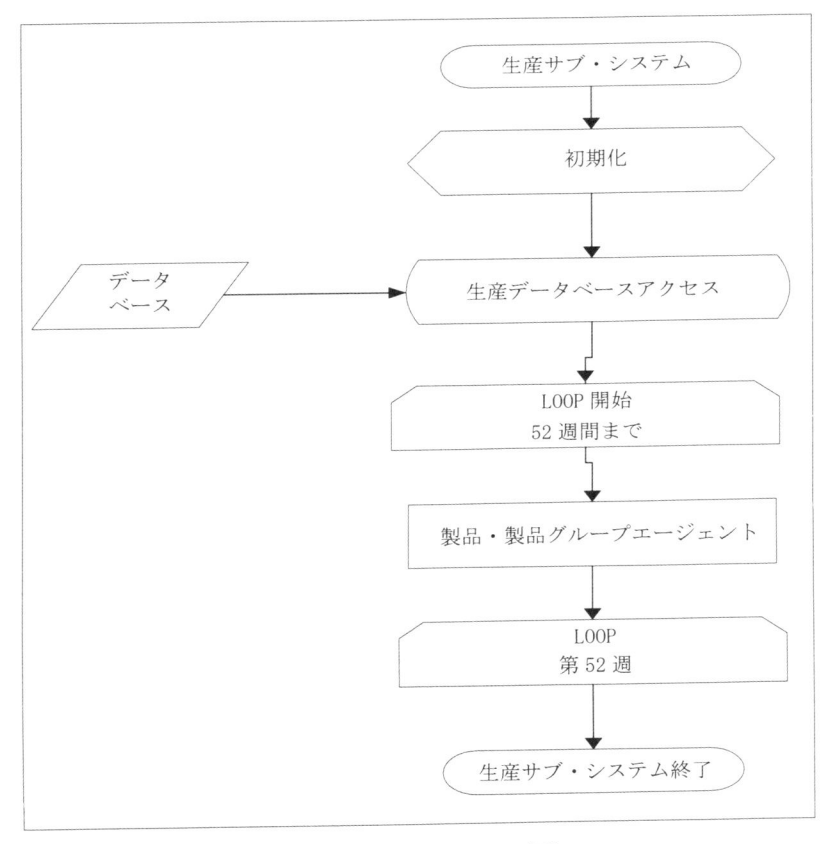

```
          ┌─────────────────┐
          │  生産サブ・システム  │
          └─────────────────┘
                   ↓
          ┌─────────────────┐
          │      初期化       │
          └─────────────────┘
                   ↓
  ┌──────┐      ┌─────────────────────┐
  │データ  │ ───→ │  生産データベースアクセス  │
  │ベース  │      └─────────────────────┘
  └──────┘                ↓
                ┌─────────────────┐
                │   LOOP 開始      │
                │   52 週間まで     │
                └─────────────────┘
                         ↓
                ┌─────────────────────┐
                │ 製品・製品グループエージェント │
                └─────────────────────┘
                         ↓
                ┌─────────────────┐
                │     LOOP         │
                │    第 52 週      │
                └─────────────────┘
                         ↓
                ┌─────────────────────┐
                │  生産サブ・システム終了  │
                └─────────────────────┘
```

図5-44　生産サブ・システムの制御フロー

　マネジメント部では主に大日程計画と基準生産計画を立てる。一般的には、生産計画は生産体制や工場設備の制約条件下で作られる。研究協力メーカーの2006年度半期の生産体制は工場DBから抽出を行い、生産工場体制は生産計画を制約する。海外工場で人員を動的に調整できるが、生産設備などの固定費は変動しないため、生産平準化の課題を抱えている。

　研究協力メーカーの生産体制状況を考慮するために、過去の既存生産履歴データにおける生産ピーク量を最大生産量と仮定する。部品調達において、JITシステムを導入していることを前提に、基準生産計画に従って週次生産

量の平準化を図って、工場生産コストの削減を図る。週次生産量の変動最大幅が300,000台ほどになっているが、工場のアイドル状態と繁忙状態の間の急速遷移は工場のムダを生じている。そのため、生産の平滑化は重要である。生産の平滑化を行う方策として、時間調整、在庫調整、設備調整、労働調整、外注調整が挙げられる。GCMにおいて、販売予測に基づく在庫調整にフォーカスする。

なお、GCMシステムにおける大日程計画と基準生産計画はトータルリードタイムを制約条件として、輸送スケジュールとの組合せで最適生産計画と輸送計画を立てることが重要である。

5.4　輸送と生産の組合せモデル

GCMシステムの予測サブ・システムは、販売会社に計画通りに製品を入荷することを制約条件として、生産コスト、輸送コストと在庫コストの合計値を目的関数として最小化するために、生産計画と輸送計画の組合せ最適化を図る必要がある。組合せ最適化問題において、すべての解を列挙して比較すると、大域的な最適解を得られる。しかし、問題の規模が増大するにつれて組合せの数は指数関数的に増大し、分岐限定法のような効率的な列挙を用いても実用的な計算時間内で解きうる問題の規模には限界がある。そこで本書は、グローバル企業の生産工場と販売会社間の輸送スケジュールと生産スケジュールから生じる大規模な組合せを想定して、近似的な解法を用いる。

最小化する目的関数は
$$f(x_j) = px_1 + tx_2 + sc$$
制約条件は
$$n_1 x_1 + n_2 x_2 \leq N$$
$$x_j \in \{0,1\}, j=1,2$$

ここで、Nは販売会社入荷日に合わせたトータルリードタイム、nはそれ

ぞれ生産と輸送リードタイム、pは生産単価、tは輸送単価、scは在庫コストを表す。なお、在庫コストは式の中で定数として表現しているが、GCMシステムにおいて、生産計画、輸送計画と連動して変化する。

この組合せをGAなど代表としていろいろなアルゴリズムが存在するが、本書はその中で最もシンプルで実行するのに必要とするコストと実行時間を最小化と期待できるローカル・サーチ・メソッドで組合せの改善を図っていく。ローカル・サーチ・メソッドの基本考え方は、現在の解の近傍を探索し、目的関数値が改善されるような点を次々と求め、目的関数がそれ以上改善されないような解である局所最適解を得ようとするアルゴリズムである。より高度な組み合わせのアルゴリズムはいくつもあるが、システムの実用面において、莫大な計算リソースと時間が必要となると、システムの導入にはコストかかりすぎて、ここでよりシンプルな手法を選択する。

アルゴリズムは、一般的な0-1離散計画問題として表現する。わかりやすく説明するため、上記目的関数をc^Tで簡易表現してローカル・サーチ・メソッドの適用を図っていく。つまり、

目的関数は

$$\min f = \min(c^T x)$$

制約条件は

$$x \in X$$

ここで、Xは与えられた実行可能領域である。

$$X = \{x \in (0,1) | Ax \geq b\}$$

アルゴリズムの構成を示す。

1. 初期化

    $x^0 \in X, k = 0$

2. 近傍の設定

    $S = \{x | x \in X \cap N(x^k)\}$

    ここで、$N(x^k)$は現在の解の近傍の集合を表す。

    輸送と生産の近傍構成は単純ユニットを利用する

3．解の改善

探索領域Sの中で$c^T x < c^T x^k$となるxを探索する。現在の解x^kよりよい解があれば、それをx^{k+1}とし、k=k+1で最初のステップへ戻る。解が改善されなければ終了する。

このアルゴリズムのポイントは、1の初期解をどのように与えるかということと、2の探索領域をどのように定義するかにある。GCMシステムでは輸送と生産の初期解は既存実績データから選択する。探索する領域はGCMの販売予測結果に従って、輸送パッケージの検索結果とマネジメント部の生産計画結果をランダムにテーブルに配置して解の近傍を決定すればよい。

次に、ユニット近傍は
$$N_1(x^k) = \{x \in (0,1) [\Sigma_j |x_j - x_j^k| = 1\}$$
で表現できる。

第6章　GCMシステムの実証

6.1　システム適用の概要

　研究協力メーカーは生産工場をアジアに設置し、北米、EU、日本、アジアなど世界60カ国での製品を販売しているエレクトロニクス研究協力メーカーである。図6－1はそのグローバル展開するマップを示している。今回は主に研究協力メーカーの個人向けOA機器で検証を行う。

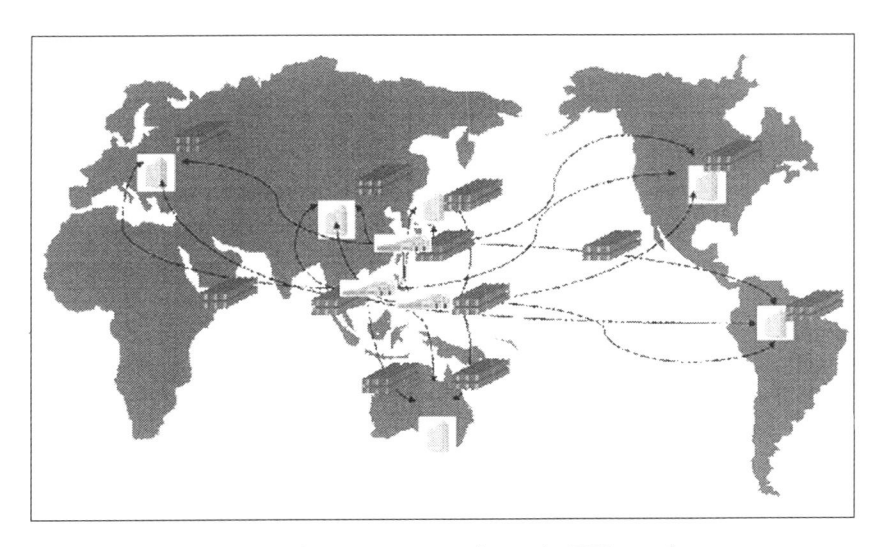

図6-1　研究協力メーカーのグローバル展開マップ

　研究協力メーカーの世界地域の製品輸出入の比率は図6－2に示している。

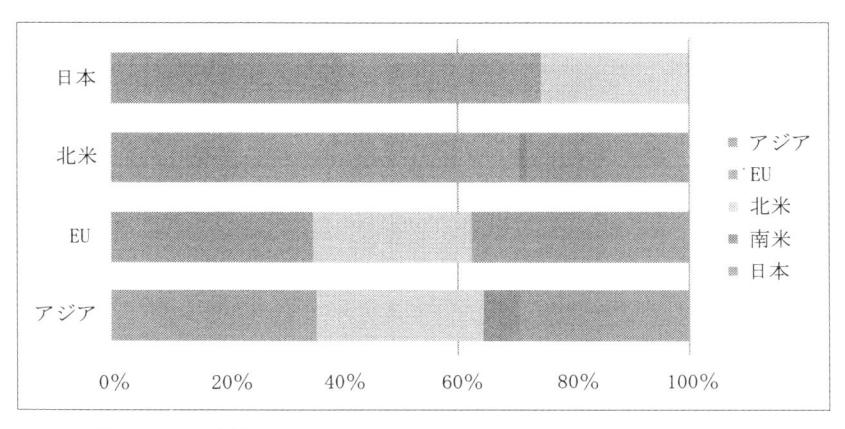

図6-2　研究協力メーカーの地域毎製品輸出入量（単位：FEU）

今回の共同研究に提供したデータは、2005年度・2006年度に発売された40種類の製品情報を表6-1に示すように提供された。

表6-1　研究協力メーカー提供データ一覧

データ一覧	年度	データの詳細項目（一部）
週次生産データ	2005年度～2006年度	日付、工場名、製品モデル名、生産数など
週次工場在庫データ	2005年度～2006年度	日付、工場名、製品モデル名、在庫数など
週次出荷データ	2005年度～2006年度	日付、工場名、販社名、製品モデル名、出荷方法、出荷数など
週次販社在庫データ	2005年度～2006年度	日付、販社名、製品モデル名、在庫数など
週次販売データ	2005年度～2006年度	日付、販社名、製品モデル名、販売数など
月次市場価格データ	2005年度～2006年度	日付、製品モデル名、価格など

各製品モデルは、アジア地域の3つの工場のいずれかで生産され、北米・日本・EU・アジア地域のいずれかの販売会社、もしくは複数の販売会社に向けて出荷され、販売される。週次生産実績データに関しては3つの工場のうち、2つの工場からのみのデータ提供となっている。本書は欧州・北米向け5機種を用いて、システム有効性を評価していく。以下に、研究協力メーカーのいくつかの代表機種の生産、在庫、輸送と販売現状を把握する。

第 6 章　GCM システムの実証

　研究協力メーカーの工場集荷日と販売会社入荷日の実データからリードタイムを推定すると図 6 - 3 で示すようになる。横軸で示す日時に工場から製品の出荷数、横軸で示す販売会社納品数、その時間差から分かるように、工場出荷日からと販売会社入荷日まで 4 週間がかかることが分かる。

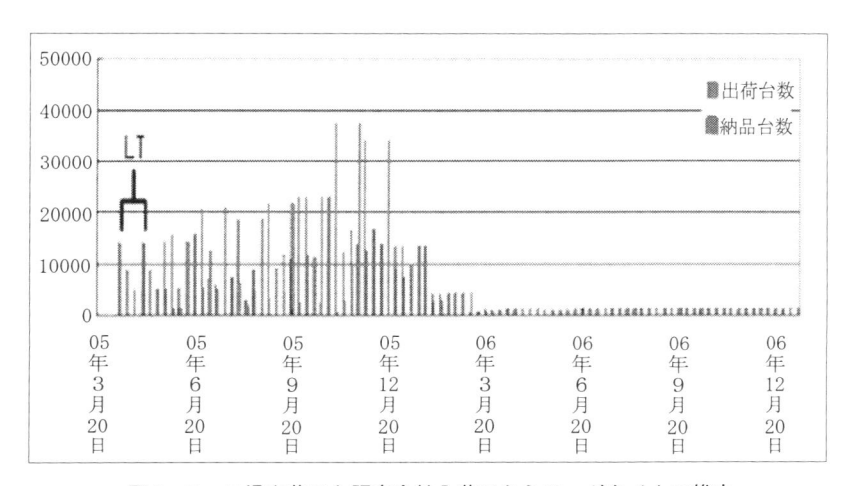

図6-3　工場出荷日と販売会社入荷日からリードタイムの推定

在庫週数の計算方法は次に示す。

　　　在庫週数＝週販売量/週在庫量

図 6 - 4 で示すように、2006年 2 月に在庫は120週間となっている。

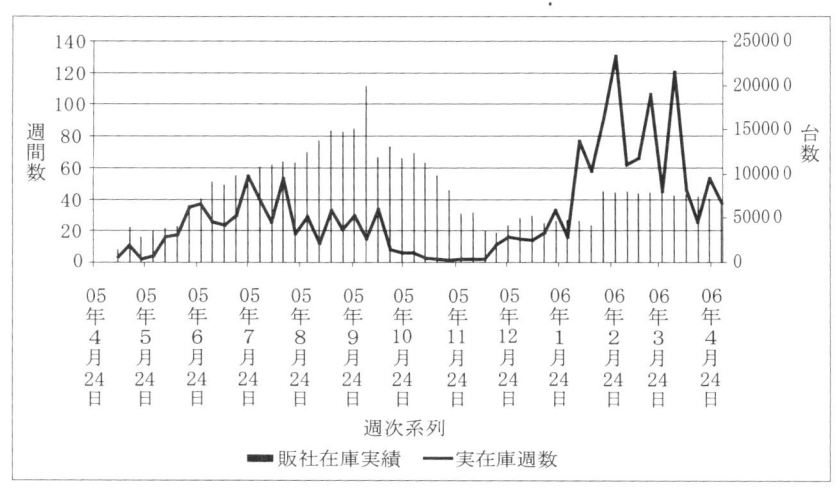

図6-4　研究協力メーカー機種PDの週次在庫実績

　図6-5も同じくその傾向が見えている。2005年10月から2005年12月まで販売ピーク時期であるが、そのピークに対応するため、工場で大量生産し、販売ピークの終了時に、大量に売れ残りが生じている。このような販売量の予測もせずもしくは予測が大きく外れ、大量生産の低コスト効率のみを追求すると、会社は大きな経営ダメージを受ける。

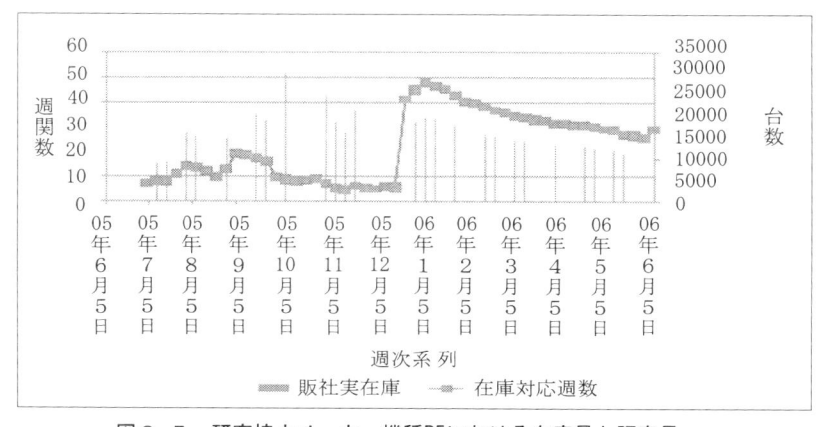

図6-5　研究協力メーカー機種P5における在庫量と販売量

第6章　GCMシステムの実証

　輸送において、研究協力メーカーもコンテナ船、航空便、トラックで組み合わせて複合輸送を行っている。輸送において、製品の新発売における時間制限、販売会社の売れ行きより在庫の状況に応じて、海上輸送によりコスト削減ができない状況はよく生じる。これは、主に販売予測していないか、また予測してもその誤差リスクに十分対応できていないことから生じる場合が多い。輸送モードの選定には輸送コストとリードタイムはトレードオフ関係にある。その選定において、販売会社の在庫状況、販売状況に大きく左右される。研究協力メーカでは、図6－6で示すように、航空輸送を減らしていく取組みを行っている。ここで、

　　航空輸送重量比率＝航空輸送量／（航空輸送量＋海上輸送量）

　　航空輸送金額比率＝航空輸送金額／（航空輸送金額＋海上輸送金額）

を意味している。

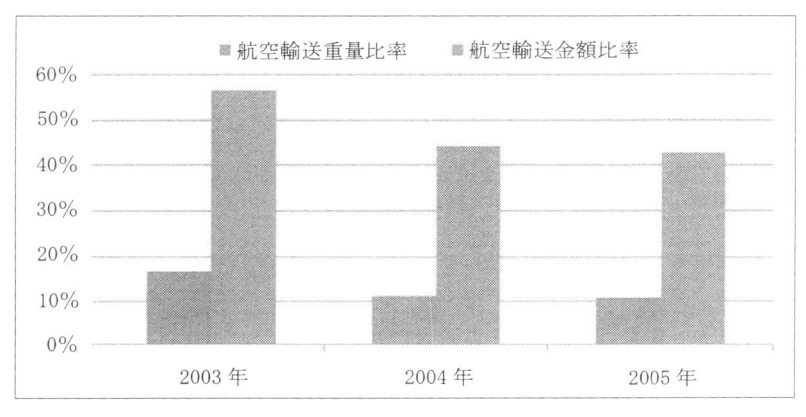

図6-6　研究協力メーカーの輸送モードのコスト現状

　このようにグローバル経営において、輸送計画を厳密化し、製品の輸送モードを選択できる期間を持つことは物流コストの削減に大きく寄与できる。航空輸送を減らし、コンテナ輸送へ計画・実行すれば、輸送コストの削減によって、経営利益の向上に直結する。

図6－7は研究協力メーカーの2006年11月から2007年1月までの生産量のピーク値は2006年8月頃の5倍にもなっている。生産工場の立場で2006年11月から2007年1月までは工場の設備などはアイドル状態が少なく、非常に効率的であると言えるが、2006年8月から266年10月まで、設備のアイドル状態、人員の調整コストにより多く無駄を生じている。

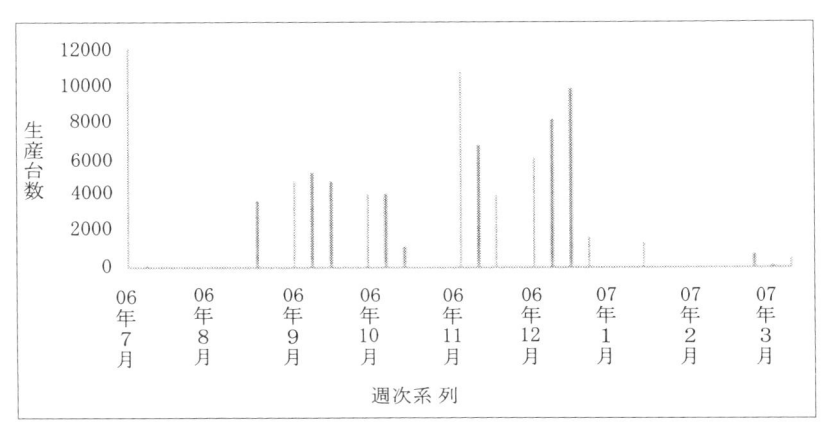

図6-7　研究協力メーカーアジア工場で生産した機種Aの生産実績

　一方、図6－8は一時期に新規製品の大量生産を図り、その後急に生産が止まる傾向を示した実例である。下方傾き傾向となっている。2006年1月から生産設備のアイドル状態が多くなっていた。そこから、他製品の生産へ切り替えができるのであれば、工場の効率的な稼働といえるが、製品の特性によって切り替えができなければ、工場の無駄コストが発生する。

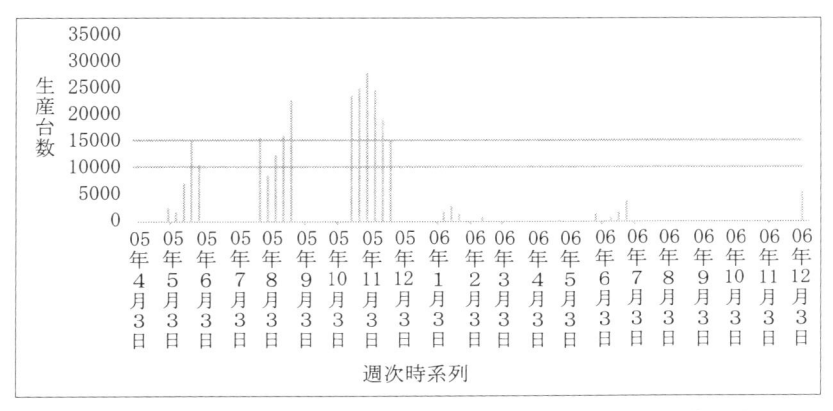

図6-8　研究協力メーカーアジア工場で生産した機種Bの生産実績

6.2　経営現状の「見える化」

「見える化」は企業経営分析において極めて重要であるが、その前提はデータの一元的な統合管理にある。一元的に管理されていないデータはその整合性を取れず、「見える化」を語るのは不可能である。なお、「見える化」には様々なレベルが存在するため、一義的に定義することは難しい。筆者はGCMシステムの視点から、「見える化」を次のようにレベル分けしている。

＊製品トレンド、季節変動などの状況と問題点における可視化

＊経営状況の可視化

また、「見える化」を実現するために、可視化は重要な手段の1つである。可視化は、まずデータ時系列のステータスを分かりやすくグラフィックスや表形式で表現することにある。次に、グラフィックス上で問題点を明確にして見えるようにするのがポイントとなる。

GCMシステムにおいて、生産、販売、輸送の計画を測定し、実行しながら計画の修正を行う経営支援手法をとっているため、一定期間でその結果を見えるようにグラフでアウトプットする。

エレクトロニクス研究協力メーカーはアジア・南米を生産拠点にして、北米・日本・EU・東アジアを市場として販売する典型的なグローバル企業である。今回提供して頂いたデータが研究協力メーカーのメイン商品である。2005年4月から2006年3月までの研究協力メーカー製品の家庭用シリーズにおける地域販売傾向は図6-9に示すとおりである。縦軸は時系列の販売量（同じ色の差額）と累積を示している。

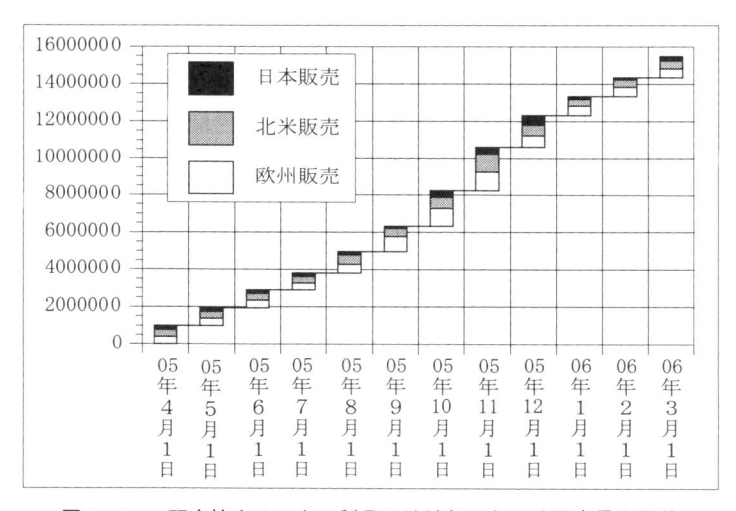

図6-9　研究協力メーカー製品の地域毎における販売量と累積

　一方、その販売量と生産量の時系列グラフは図6-10で示すとおりである。下から順に対日本の生産、販売、次に対北米生産、販売、そして対欧州生産、販売量を示している。この波グラフで、生産量と販売量の変動を視覚的簡単に把握出来る。また、その生産と販売のピーク部分からリードタイムが見えるようになる。

第 6 章　GCM システムの実証

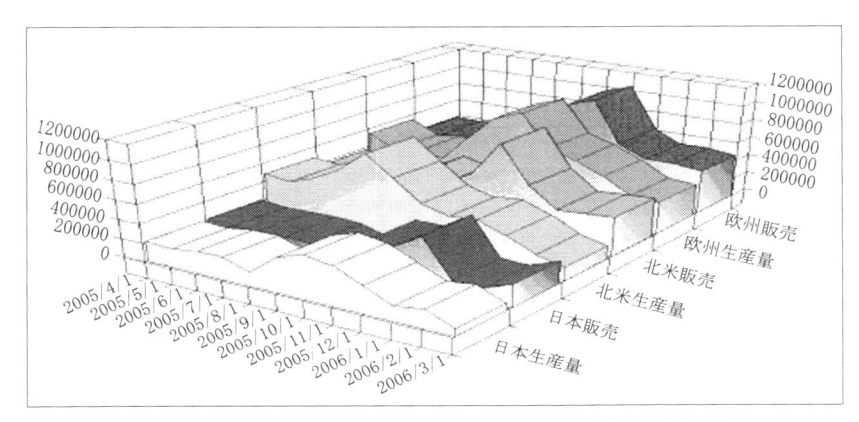

図6-10　研究協力メーカー製品の地域毎における販売量と生産量

　研究協力メーカーの2005年度、2006年度に発売された計40モデルの製品情報から、北米、欧州それぞれの代表的モデルを取り上げ、時系列分析を行って問題点を見えるようにする。
　時系列分析は対象製品のトレンド、経営状況を把握するための重要な手法である。生産・輸送・販売の各オペレーション現場から蓄積された情報は多様かつ大量である。本書では、各週のデータに関して、生産数、在庫数、出荷数、販売数といった台数の推移ベースでの分析と、生産コスト・在庫コスト・輸送コスト・売上といったコストベースでの分析を2種類の軸を使用して分析を行う。GCMデータベースから今回の分析用に抽出した一部実績データの項目と概要は表6－2に示す通りである。

表6-2 可視化に利用するデータ項目

データ	週次時系列期間	週次データ項目
生産実績	2005年4月～2007年3月	工場、製品名、生産数
工場在庫	2004年7月～2007年3月	工場、製品名、在庫数
週次出荷	2005年4月～2007年3月	工場、販売会社名、製品名、出荷方法、出荷数
販売会社在庫	2004年5月～2007年3月	販売会社、製品名、在庫数
販売実績	2005年4月～2007年3月	販売会社、製品名、販売数
販売価格	2005年2月～2007年4月	製品名、価格

　対象データを週次データそのままにプロットする週次グラフと、ある基点週からの積み重ねによる累計数でプロットする累積グラフの2種類のグラフで描き分けることにより、各週での状況把握とトレンドの把握を行っていく。まずは、アジア生産工場で生産し、東アジアで販売するP8-2機種の販売と生産・輸送在庫状況は図6-11で示す。

　図6-12に研究協力メーカーP8-2製品の販売対応週数を示す。2006年の年末の12月に販売のピークとなっている。また、最大23週間分の過剰在庫を抱え、平均的に6週間前後の在庫量を持つことが多いことから、アジア域内海上輸送の非効率化を示している。

第 6 章　GCM システムの実証

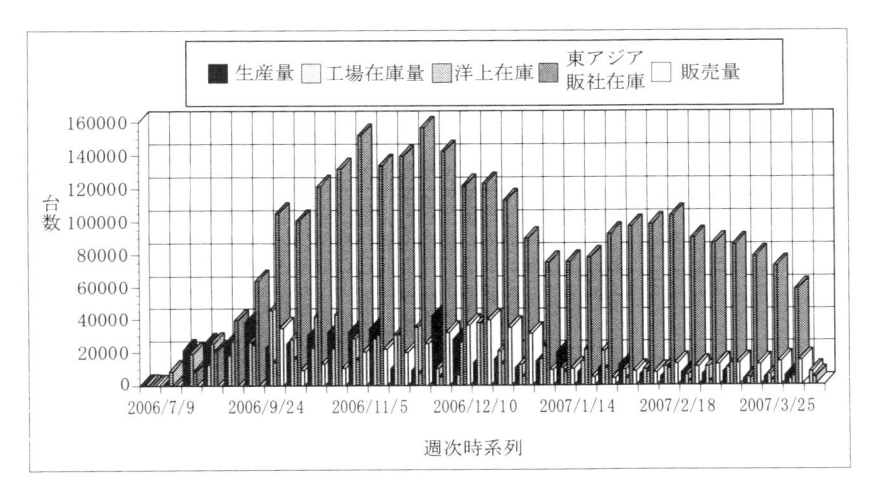

図 6-11　研究協力メーカーP8-2製品のアジア域内での週次実績

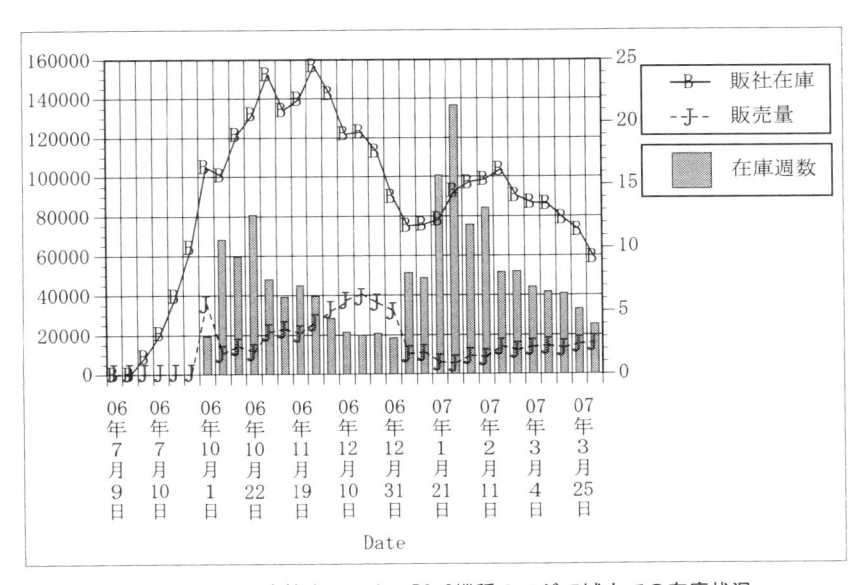

図 6-12　研究協力メーカーP8-2機種のアジア域内での在庫状況

研究協力メーカー北米向けPDX機種は、中国深圳で生産され、北米向けに販売される代表的製品である。その販売、生産、輸送、在庫現状を反映する週次時系列グラフと累積グラフを、図6-13に示す。DX製品は北米でクリスマスと年末に売れ行きがよくて、2005年8月と9月に大量直前生産を行い、工場在庫と販売会社在庫量が大きくなっている。また年末商戦に対応するために、航空輸送も活用している。特に8月から10月の間にその傾向が強く表れている。しかし、年末商戦後の2006年1月に販売量が大幅に減少し、販売会社に大量の在庫を抱えることとなっている。欠品による機会損失を無くすため、高い航空運賃で輸送したにもかかわらず値引き処分せざる得ない状況に陥っている。

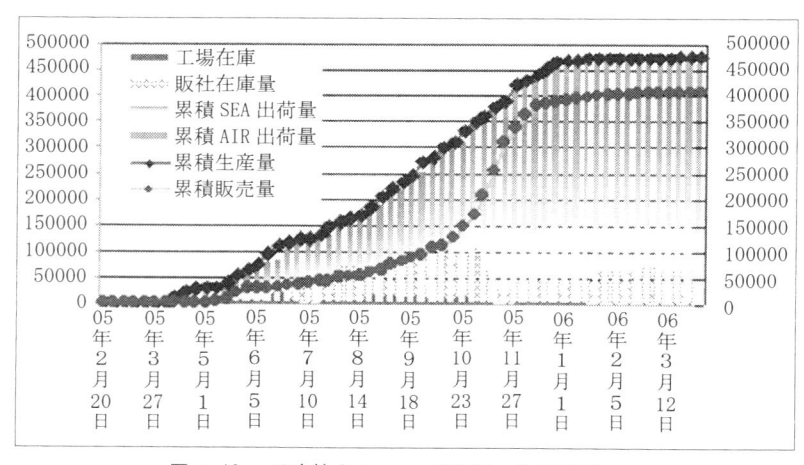

図6-13　研究協力メーカーDX製品の週次累積

　PDXの生産コスト、輸送コスト、在庫コストと販売価格、売上、利益を反映する損益状況の週次時系列の累積を図6-14に示す。PDXの販売ピークは10月から12月の間である。その間、販売会社在庫の激減にAIR輸送で対応を行ったが、結局売れ残りとなり、その不良在庫で収益を圧迫したことが分かる。

第 6 章　GCM システムの実証

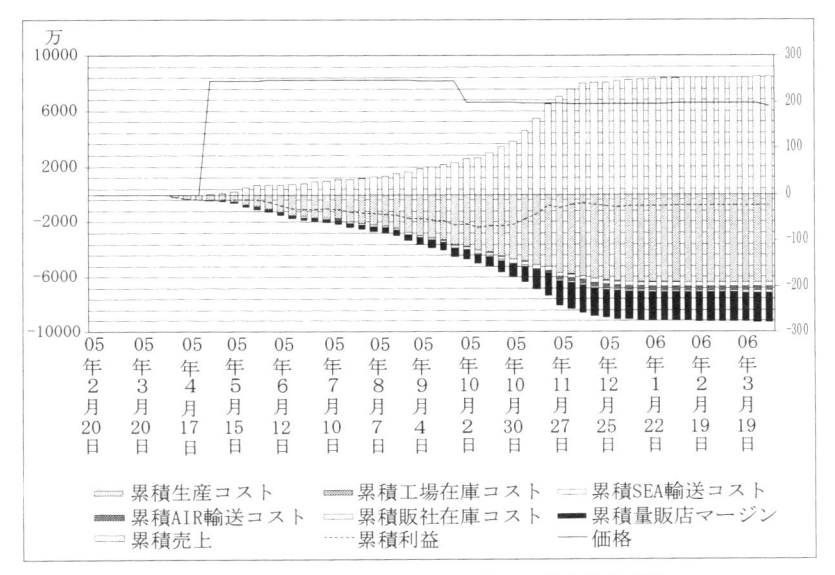

図6-14　研究協力メーカーPDX製品の週次損益累積

　北米と欧州両方向け製品シリーズP6-2機種を見ると、そのトレンドはPDX機種と違っているが、過剰在庫問題を抱えている実情には変わりがない。図6－15、図6－16に示す基本時系列分析では、夏商戦、年末商戦に製品の売れ行きが好調であるが、その販売量に対応する生産台数が過剰であるため、販売会社在庫コストが収益を圧迫していることが分かる。

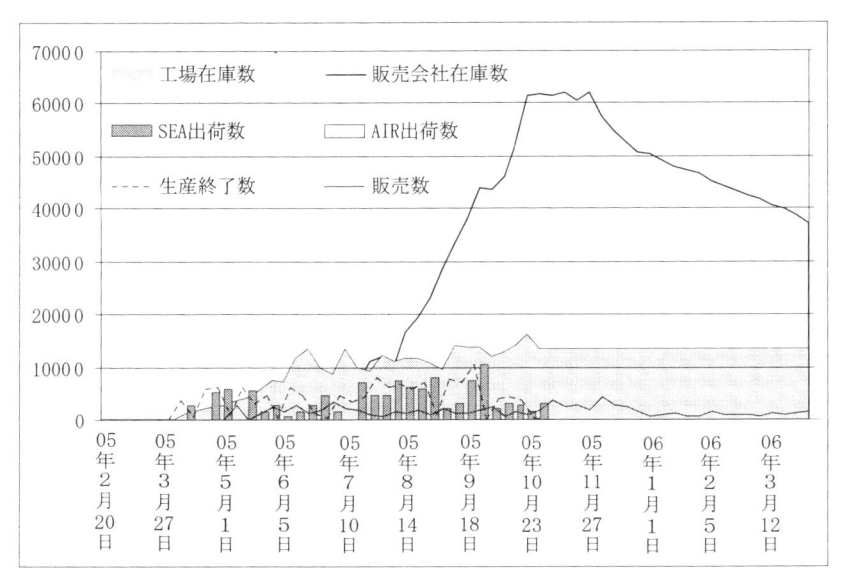

図6-15　研究協力メーカーP6-2製品の週次実績

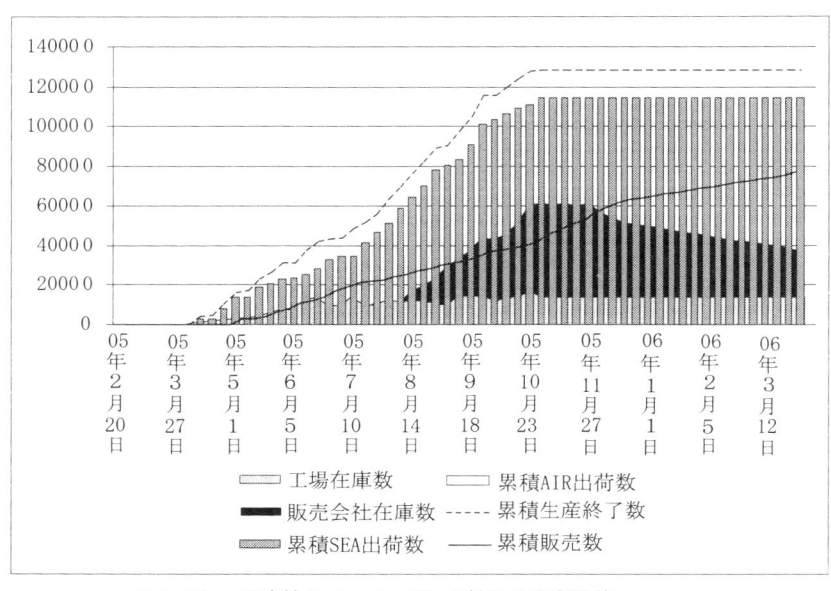

図6-16　研究協力メーカーP6-2製品の週次累積

第 6 章　GCM システムの実証

　過剰生産が引き起こした過剰な販売会社在庫の結果から、図 6 −17 に示すように値引き販売を行い、この製品の最終損益は図 6 −18 に示すように赤字となっている。

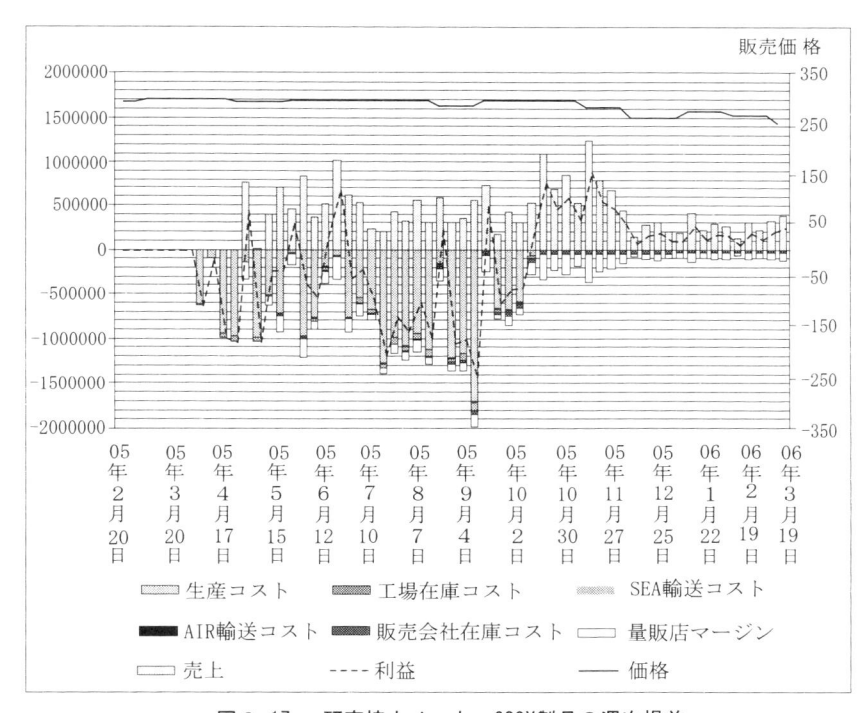

図 6-17　研究協力メーカー620X製品の週次損益

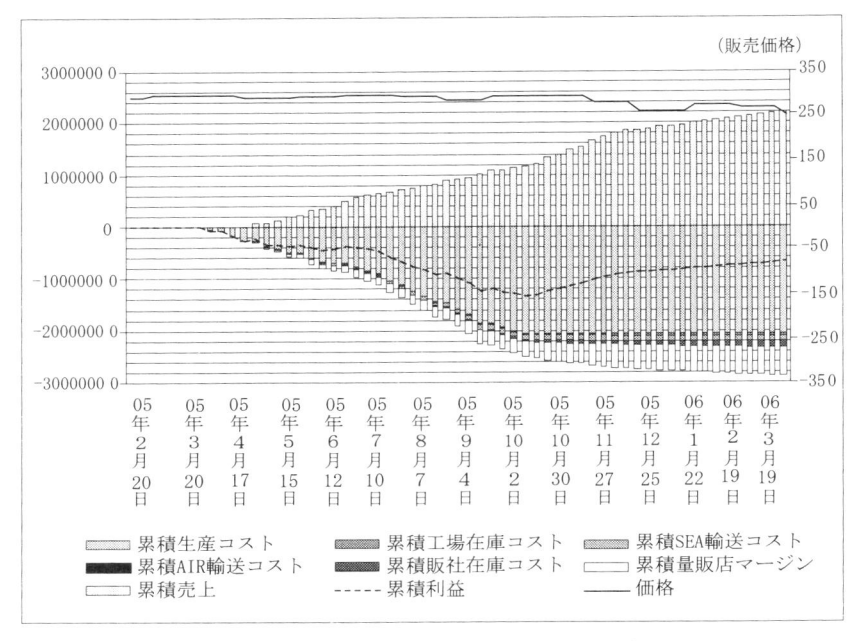

図6-18　研究協力メーカー620X製品の週次損益累積

　一方、欧州販売の研究協力メーカーP5-0商品の入荷量、在庫量、販売量を時系列表示による問題点の分析結果は図6-19で示すとおりである。販売量と入荷量に着目すると、ほぼ時間軸どおりに反映されている。一方、在庫量と販売数に注目すると、在庫量の多さの問題点が明らかとなる。押し込み販売的な経営の実体が明示されている。クリスマス商戦と年末対応のため、2005年9月中旬頃から入荷を増やして、欠品を防ぐことができた。しかし、販売売れ行きと販売会社在庫状況を分析・予測をせずに、2005年11月下旬から12月下旬までに大量の製品を入荷させ、結局2006年2月から、PLCの衰退期に入り、製品の販売量が激減し、25週分以上の在庫量を抱えたまま、大量の売れ残りを発生させた。

第6章　GCMシステムの実証

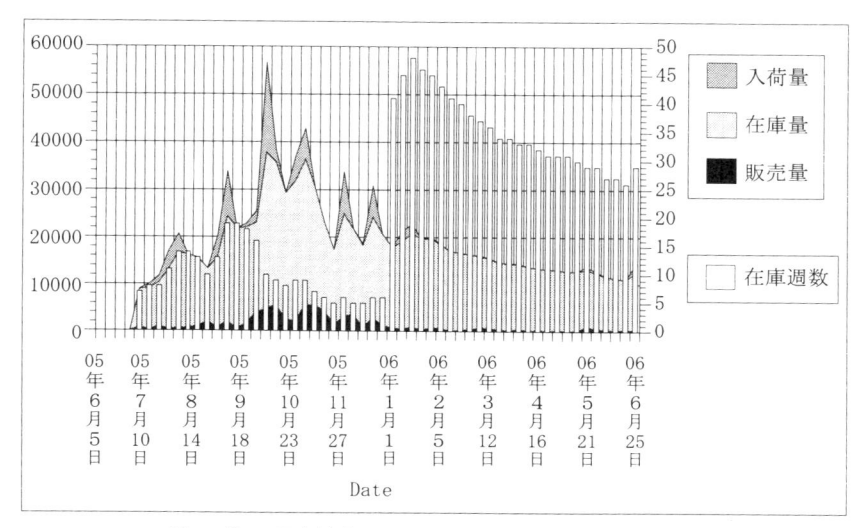

図6-19　研究協力メーカーP5-0製品の週次実績

　次に研究協力メーカーの生産工場単位でその生産状況を統計した結果を図6-20、図6-21に示している。横軸は時間、縦軸は生産量を表わしている。週次生産量のばらつきは、グローバル生産・販売における工場生産平準化の困難さを反映している。

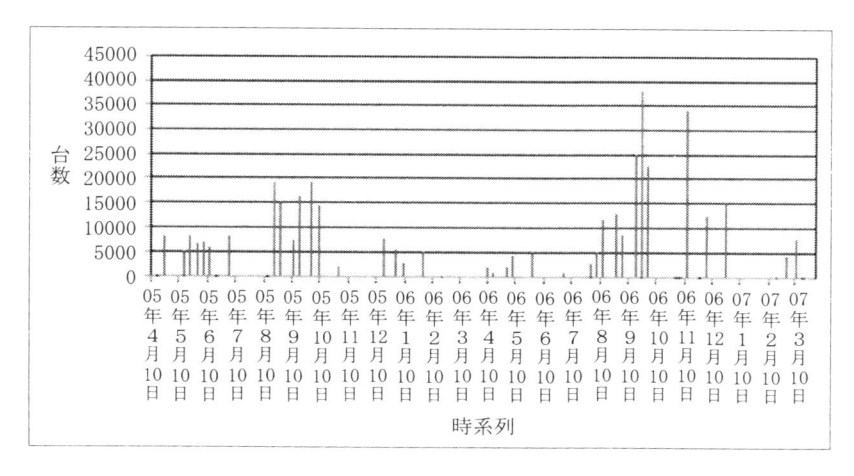

図6-20　研究協力メーカー東南アジアA工場製品における生産実績

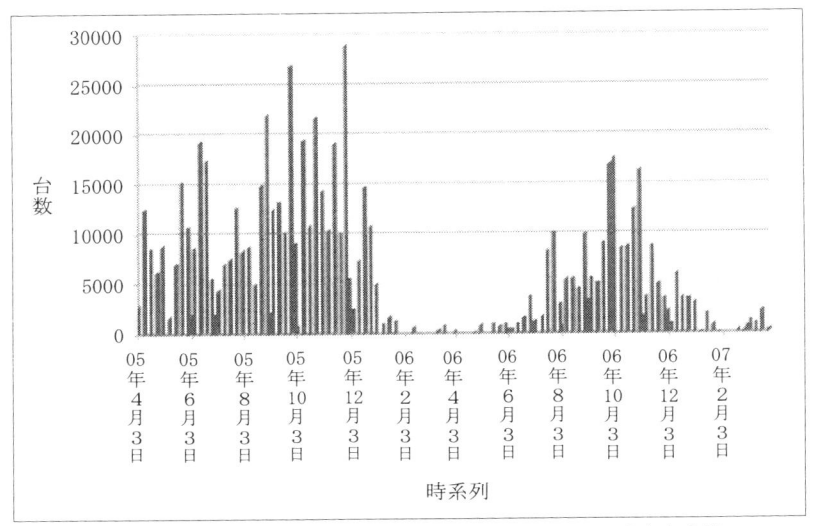

図6-21　研究協力メーカー東アジアB工場製品における生産実績

次に研究協力メーカー2工場の週次の未OB在庫量を図6-22、図6-23に示す。生産量とほぼ同じ傾向の増減で推移していることが分かる。

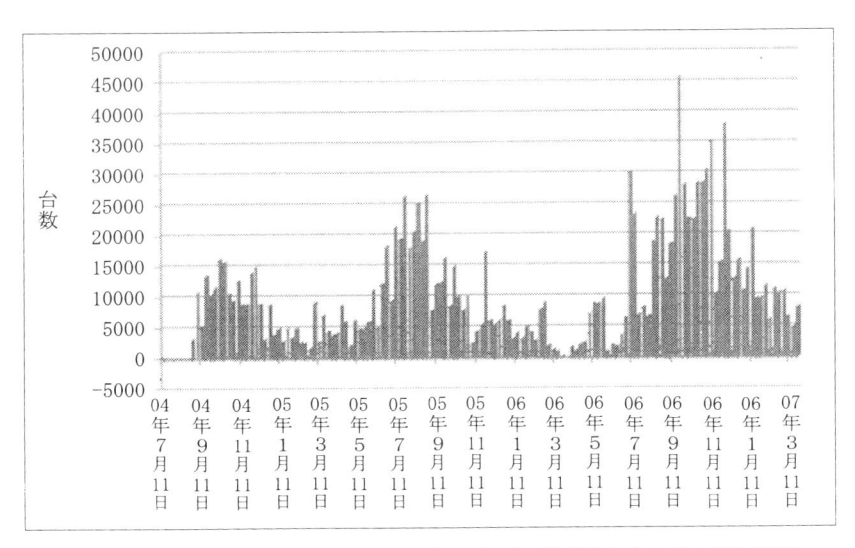

図6-22　研究協力メーカー東南アジアA工場製品における未OB在庫量

第6章　GCMシステムの実証

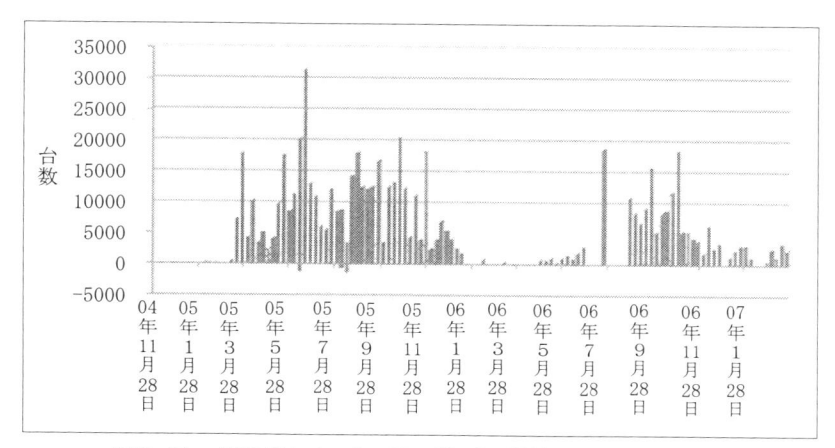

図6-23　研究協力メーカー東アジアB工場製品における未OB在庫量

図6－24、図6－25は研究協力メーカーの2工場の週次のOB状況を示している。生産量が多ければ、その週のOB量も多くなっている。

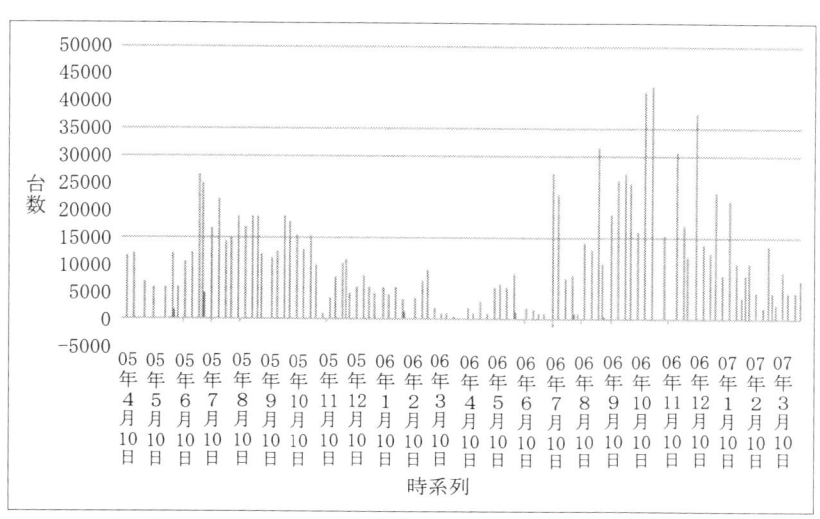

図6-24　研究協力メーカー東南アジアA工場製品におけるOB実績

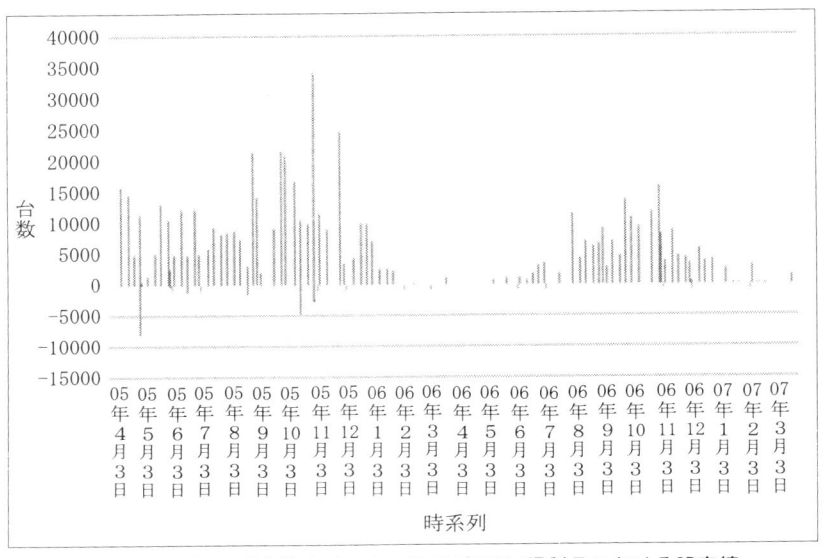

図6-25　研究協力メーカー東アジアB工場製品におけるOB実績

　研究協力メーカーのアジア域内の工場総生産、輸送、在庫のそれぞれ状況と欧州、北米、日本での販売状況について、いくつか製品のデータを時系列でその傾向を示した。週次生産量のばらつき問題は東南アジア工場でも、東アジア工場でも共に存在している。平準化された生産ではないため、生産設備の稼働率が低下し、固定費率を増大させる。特に現地従業員の臨時調整が頻繁となり、長期的に人員の確保が困難となることが想定できる。

　GCMシステムにおいて、常に販売会社の予測販売量から販売会社の適正在庫量を決定する。そして、輸送のリードタイムを考慮して、工場の在庫量を決定する。最後に生産リードタイムに従って、工場の生産量を平準化して決定する。しかし、研究協力メーカーの現状から見て、需要予測を行った経営は行っていないことが明らかである。

6.3　GCMシステムによる経営改善

　研究協力メーカーの機種を選択して、2つのシナリオでGCMシステムの経営改善効果を図る。まず、予測サブ・システムを利用せず、2005年度の販売実績を利用して、工場生産、海上輸送、工場・販売会社在庫のトータル最適化を図り、その改善期待効果をシステムの結果で示す。これは会社の経営判断と数値目標における意思決定を忠実に実行するという前提で、運営実行のオペレーションレベルの改善を図るものである。

　次に、2005年度の実績データをインプットしながら、予測サブ・システムで販売予測を行った上、在庫、輸送、生産のシステム結果をアウトプットし、2005年度の経営実績と比べてシステムの効果検証を行う。これは会社の意思決定への支援とオペレーション計画改善を図るためとも言える。研究協力メーカーPDX製品は工場から香港を出発港として、ロッテルダム港で陸運にシフトし、欧州販売会社に入荷する。2005年度の販売実績は図6-26に示す。まずシステムの中間出力結果であるリードタイムと在庫量、生産量を順に示していく。

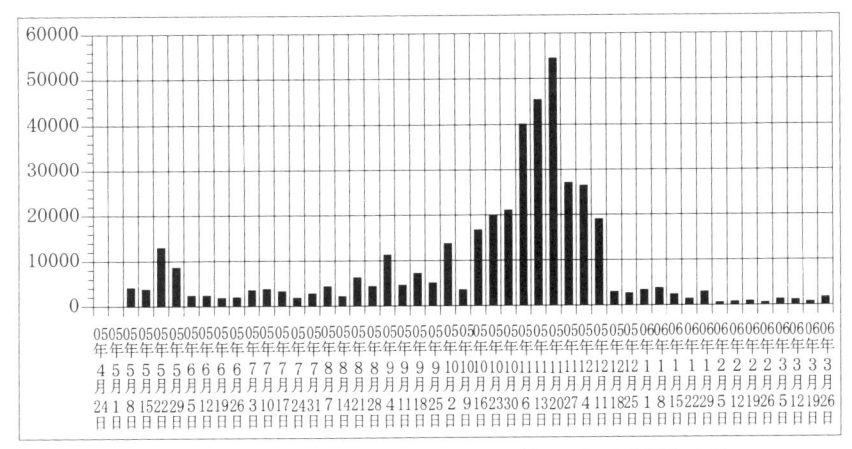

図6-26　2005年度研究協力メーカーPDX製品における販売実績

　GCMシステムによる欧州販売会社在庫量を図6-27に示す。これは、PDX製品の在庫実績と海上輸送リードタイムの実績値に基づいた安全在庫を含む在庫調整をシミュレートした中間結果である。GCMシステムで販売を予測しながら、販売会社在庫を大幅に削減できる。

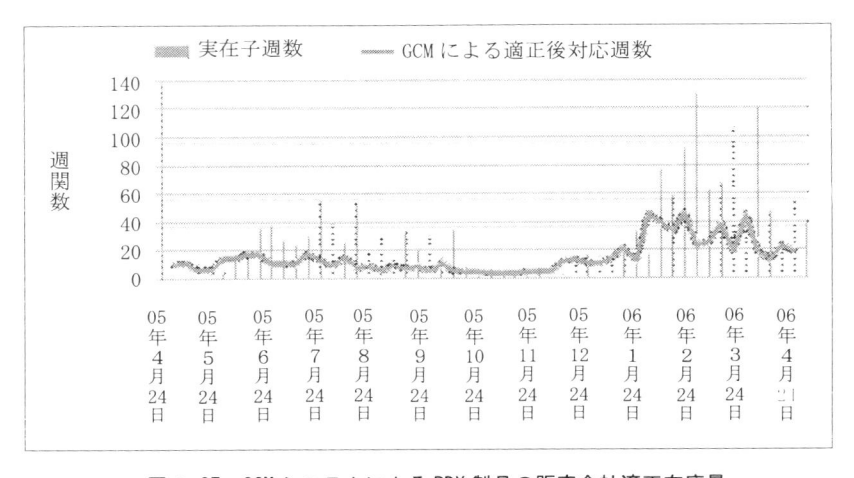

図6-27　GCMシステムによるPDX製品の販売会社適正在庫量

週次入荷量は製品の季節変動に対応して変更するため常に工場在庫との調整が必要になることが分かる。

トータルコストを評価するために、正確に規模の経済性を考慮したコスト構成を明らかにする必要があるが、今回研究協力メーカーから製品の生産数・在庫数・出荷数・販売数などGCMチェーン上の製品数は提供されたが、各製品の生産コストや輸送コストなどの原価に関するデータは提供されていないため、以下のように簡易的なコスト設定を仮定してコスト削減の効果を算定する。

コスト仮定

　　＊生産コスト率…製品発売時価格の55％

　　＊週次工場在庫コスト率…製品発売時価格の0.5％

　　＊海上輸送コスト率…製品発売時価格の4％

　　＊航空輸送コスト率…製品発売時価格の15％

　　＊週次販売会社在庫コスト率…製品の新発売時価格の0.5％

　　＊量販店マージン率…製品販売価格の25％

リードタイム設定

　　＊生産リードタイム…週次ベース

工場生産能力設定

　　＊週次最大生産数…実績値の最大値を利用する。

物流改善の結果を図6－28に示す。販売会社販売数と工場生産量を実績のままとして、物流改善を図った結果は海上輸送シフト効果として現れている。

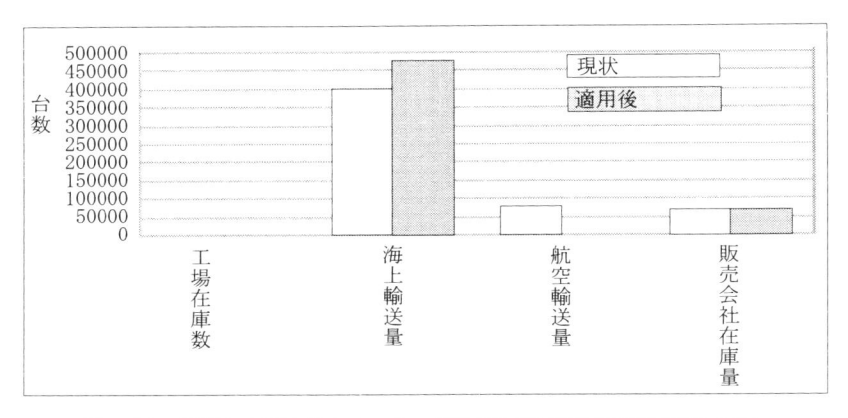

図6-28　2005年度研究協力メーカー製品PDXの物流改善効果（製品台数）

物流改善の利益効果は図6－29に示している通りである。コストの削減が期待できるとはいえ、赤字経営の現状を黒字にまで転換することが出来なかった。つまり、物流の部分改善には限界があるということである。

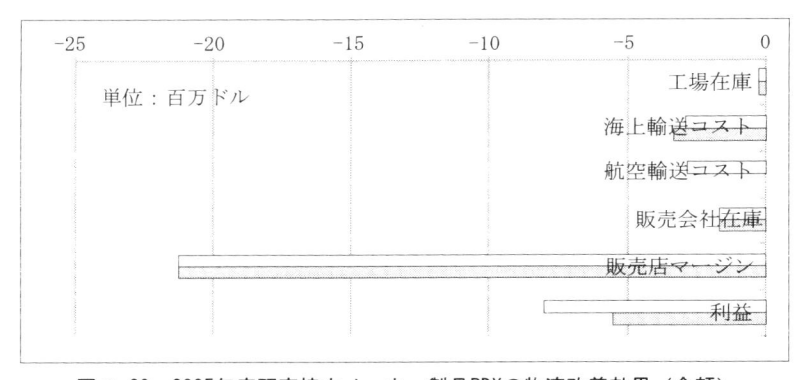

図6-29　2005年度研究協力メーカー製品PDXの物流改善効果（金額）

次にPDX製品の2005年度上半期の販売実績を用いて、GCMシステムを適用して、その改善効果の検証を行う。2005年度11月からGCMでシステムを行い、その台数出力結果を図6－30に示すように、過剰生産台数と航空輸送台数が低減された。

第6章　GCMシステムの実証

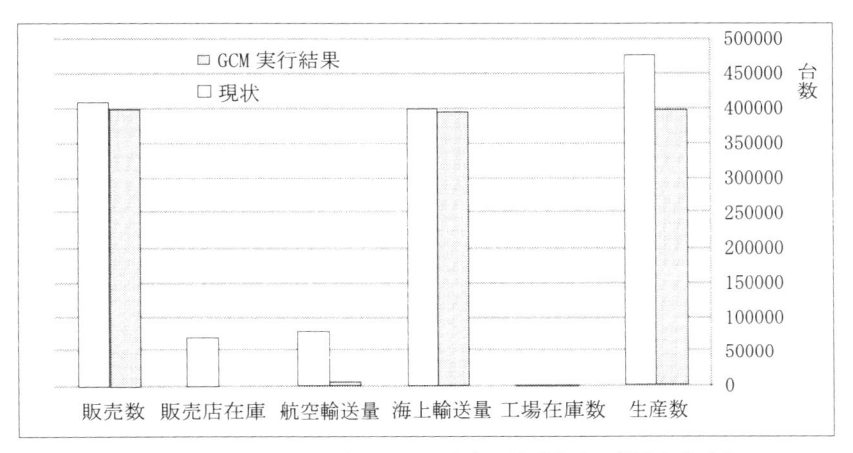

図6-30　GCMシステムの適用により生産・輸送在庫の製品台数変化

図6-31はGCMシステムの適用により利益ベースの改善効果を示している。

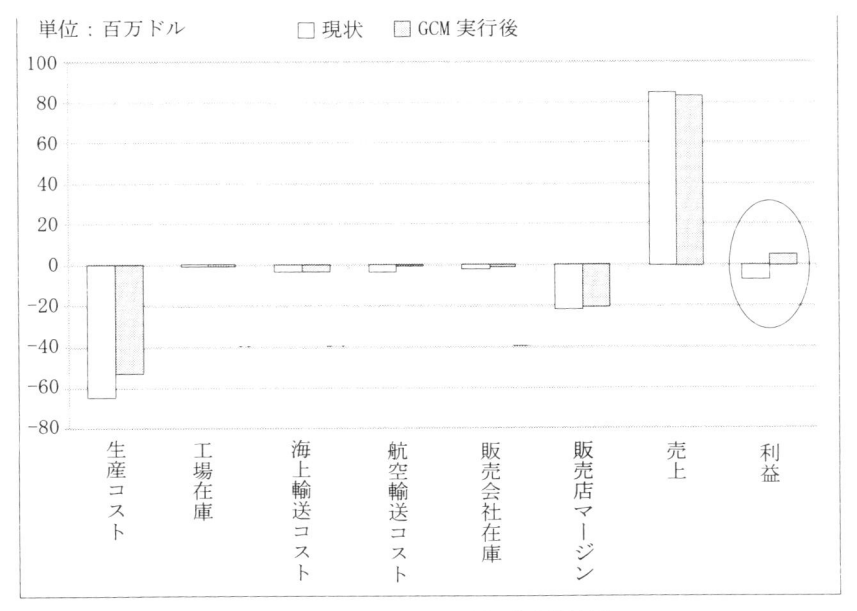

図6-31　GCMシステムによる経営改善結果

2005年度下半期からGCMシステムを適用して、年度末の黒字転換は可能となる。グローバル企業経営に置いて、GCMシステム上で時間発展的に販売予測を常にフィードバックしながらその精度を高めた上、在庫量、輸送量、生産量をダイナミックに決定すれば、顧客ニーズに沿った経営が実現できるので、研究協力メーカーのように期末からでもGCMシステムを完全適用すれば、経営状況を黒字に改善できる。

参考文献

トーマス・フリードマン、フラット化する世界 上、下、日本経済新聞出版社、2008

三根久、モンテカルロ法・シミュレーション、コロナ社、1994

藤本隆宏、生産マネジメント入門Ⅰ、Ⅱ、日本経済新聞社、2005

森雅夫、オペレーションズ・リサーチⅡ、朝倉書店、1994

阿部誠、マーケティング・サイエンス入門、有斐閣、2006

Callionide.Gianpaolo. Inventory-Driven Costs. Harvard Business Review,, 1-8.

Joseph ScullyE. FawcettStanley. Comparative Logistics and Production Costs for Global Manufacturing Strategy. International Journal of Operations & Production Management, Volume 13 Issue 12; 1993.

奥村雅彦、ケースでわかるロジスティクス改革、日本経済新聞社、2004

LaneH., J.DiStefano. Intenationanal Management Behavior. Oxford Blackwell, 2000.

伊丹敬之、経営戦略の論理、日本経済新聞社、2003

総務省、情報通信白書、2007

水谷浩二・有安健二、オンデマンド・ロジスティクス 経営成果を最大化する統合的物流管理、ダイヤモンド社、2004

J.T.Mentzer. Twevle Drivers of CompetICTive Advantage Through Supply Chain Management. Supply Chain World, 2003.

H.Stadtler. Supply chain management and advanced planning-basics, overview and challenges. European Journal of Operational Research, Volume 163, Issue 3, 16 June 2005,.

SCMの簡易ベンチマーキング、2006年5月号年、月刊ロジスティクス・ビジネス

M.Barbuceanu. Agent Based Design and Simulation of Supply Chain Systems. 6th Workshop on Enabling Technologies Infrastructure for Collaborative Enterprises, 1997.

R.Gilpin. The Challenge of Global CapICTalism. Princeton University Press, 2000.

J. DongRen, H. Ding, W. WangC. IBM SmartSCORプロセス中心のサプライチェーン変革の実現、オペレーションズ・リサーチ、VOL.53 No.3 2008

Zukerman. Standards, Technology, and the Supply Chain. Transportation and Distribution, 2000.

Larbani. Simulating the performance of supply chain wICTh various alliances. The International Journal of Advanced Manufacturing Technology, 2005年4月

R.SandersNada. ICT Alignment in Supply Chain Relationships A study of Supplier BenefICTs. The Journal of Supply Chain Management, Spring 2005.

Grover.V. A tutorial onthe Concept, Evolution, Method, Technology, And Apprication. Journal of Operations Management, 1997.

HonOu-Yang and S. J.C. Developing an agent-based APS and ERP collaboration framework . The International Journal of Advanced Manufacturing Technology, Volume 35, Numbers 9-10 / 2008年1月

FreyWoelk, P.-O. Stockheim, T. Zimmermann, R.D. Integrated multi-agent-based supply chain management. Enabling Technologies Infrastructure for Collaborative Enterprises, 2003., 2003.

大内東、マルチエージェンドシステムの基礎と応用、コロナ社、2002

高玉圭樹、マルチエージェント学習、コロナ社、2003

逸見功、入門時系列解析と予測、シーエーピー出版、2005

北川源四郎、時系列解析入門、岩波書店、2007年

Charles W. ChaseJr. ComposICTe Forecasting Combining Forecasts for Improved Accuracy. Journal of Business Forcasting Methords & System 19. No.2, Summer 2000.

参考文献

日通総合研究所、物流戦略策定シナリオ、かんき出版、2005

Luca.MariaGambardella. Simulation and Planning of an Intermodal Container Terminal. SIMULATION, Vol. 71, No. 2, 107-116 (1998).

定期海運の現状、株式会社商船三井営業調査室、2005

高玲、日本におけるコンテナ港の国際競争力に関する考察、立命館経営学、2007年5月、第46巻第1号

森戸晋、システムシミュレーション、朝倉書店、2005

荒井誠、GAを用いた海上コンテナ輸送ネットワーク設計手法の研究、日本船舶海洋工学会講演会論文集、2006第2号

Visser. an empirical test of dynamic transaction-cost theory. Utrecht University, 2008.

輸送の見える化、2006年1月号年、月刊ロジスティクス・ビジネス

後正武、意思決定のための「分析の技術」、ダイヤモンド社、2007

貨物運賃と各種料金表、交通日本社、2000

柏木聡美・小沢正典・森雅夫、コンジョイント分析とAHPによる市場の分析、オペレーションズ・リサーチ、VOL.52.No.4 2007

Gravess.c. strategic inventory placement in supply chains Nonstationary demand. Boston University, 2002.

嵐田耕太、SCMロジスティクススコアカードの開発と経営成果との関連分析、日本経営工学会論文誌、Vol. 55, No.2、2004年6月

N.Gregory. Logistics, strategy and structure A conceptual framework. International Journal of Operations & Production Management, 1998.

著者略歴

張　静（ちょう・せい　Zhang Jing）
現在グローバルリサーチ代表取締役。
1968年中国河北省生まれ、89年日本に国費留学、98年神戸大学自然科学研究科博士後期課程単位取得後、大手電機メーカーに勤務。
工学博士（東京大学）。

グローバル企業経営支援システム
　―時間発展型統合シミュレーションを用いて―

2009年11月15日　第1版第1刷　　定　価＝3500円＋税

著　者　張　　　静　　Ⓒ
発行人　相　良　景　行
発行所　㈲時潮社

　　　　〒174-0063　東京都板橋区前野町4-62-15
　　　　電　話　03-5915-9046
　　　　ＦＡＸ　03-5970-4030
　　　　郵便振替　00190-7-741179　時潮社
　　　　ＵＲＬ　http://www.jichosha.jp

印刷・相良整版印刷　製本・武蔵製本

乱丁本・落丁本はお取り替えします。
ISBN978-4-7888-0643-6

時潮社の本

『資本論』で読む金融・経済危機
オバマ版ニューディールのゆくえ
鎌倉孝夫 著
Ａ５判・並製・242頁・2500円（税別）

期待いっぱいのオバマ・グリーンディールは、危機克服の決め手となるか？　各国のなりふり構わぬ大恐慌回避策は、逆に資本主義の危機を増幅させないか？『資本論』研究の泰斗が金融・経済危機の推移を子細に分析し、世界経済の今後を明示する。『労働運動研究』『長周新聞』等書評多数。

現代福祉学入門
杉山博昭 編著
Ａ５判・並製・280頁・定価2800円（税別）

社会福祉士の新カリキュラム「現代社会と福祉」に対応し、専門知識の必要な保育士、介護関係者にもおすすめしたい社会福祉学入門書。本書は「資格のための教科書」の限界を越えて、市民から見た社会福祉をトータルに平易に説いている。ロングセラーが見込まれる新刊です。

イギリス・オポジションの研究
政権交代のあり方とオポジション力
渡辺容一郎 著
Ａ５判・並製・184頁・定価2800円（税別）

日本にイギリス型政権交代は定着するか？　イギリス民主主義の根幹たるオポジションの研究を通して、政権交代や与野党のあり方を考察した。オポジションとは、反対党、野党のこと。本書では、一歩踏み込んで「責任野党」と規定した。

社会的企業が拓く市民的公共性の新次元
増補改訂版
粕谷信次 著
Ａ５判・並製・408頁・定価3800円（税別）

「100年に一度の金融・経済危機」に逢着し、本書テーマの「もう一つ構造改革」のありようが、いま、緊急に問われている。これに応えるべく、初版の議論を踏まえ、オルタナティブな社会経済システムのマクロ像を大胆に提起した「社会的・連帯経済体制の可能性」を大幅増補。